Princípios inegociáveis de louvor e adoração

A essência do novo, vivo e com artes

1ª reimpressão - setembro/2014

Ricardo M. Corrêa

Princípios inegociáveis de louvor e adoração

A essência do novo, vivo e com arte

Ágape
AMOR INCONDICIONAL

São Paulo / 2011

Copyright © 2012 by Pr. Ricardo M. Corrêa

Produção Editorial	Equipe Ágape
Diagramação	Francieli Kades
Capa	Adriano de Souza
Revisão	Iolanda Nicioli
	Patricia Murari

Texto de acordo com as normas do Novo Acordo Ortográfico da Língua Portuguesa (Decreto Legislativo nº 54, de 1995)

Dados Internacionais de Catalogação na Publicação (CIP)
(Câmara Brasileira do Livro, SP, Brasil)

Corrêa, Ricardo M.

Princípios inegociáveis de louvor e adoração : novos, com arte e vivo / Ricardo M. Corrêa. -- Barueri, SP : Ágape, 2011.

Bibliografia.
1. Deus - Adoração e amor 2. Louvor a Deus
I. Título.

11-14200   CDD-248.3

Índice para catálogo sistemático:
1. Adoração a Deus : Cristianismo 248.3
2. Deus : Adoração e louvor : Cristianismo 248.3
3. Louvor a Deus : Cristianismo 248.3

2012
Publicado com autorização. Nenhuma parte desta publicação pode ser reproduzida sem a devida autorização da Editora.
EDITORA ÁGAPE
Al. Araguaia, 2190 - 11º andar - Sala 1112
CEP 06455-000 - Barueri - SP
Tel. (11) 2321-5080 – Fax (11) 2321-5099
www.agape.com.br

Apresentação

Hoje, com a "pós-modernidade", existem transformações que inevitavelmente ocorrerão na igreja. E o compromisso deste livro é ser uma âncora na tempestade de ofertas que o inimigo sorrateiramente provoca tentando negociar o inegociável com as gerações de adoradores que estão sendo formadas. Na tentativa de inserir uma contaminação no louvor e na adoração, oportunamente Satanás aproveita as mudanças e evoluções naturais que a humanidade passa através da história. E nada mais oportuno que tratar desse assunto como mais um auxílio, dos muitos que virão, vacinando a igreja de hoje para as epidemias do futuro. Não espere que este livro aborde os mesmos assuntos ou siga a linha de exposição dos outros livros sobre este tema. Não espere encontrar aqui cooperativismo e consenso sobre pensamentos e opiniões. Em vez de apresentar fórmulas, treinamentos e chaves do sucesso, este trabalho aborda o cerne. *E, se as primícias são santas, também a massa o é; se a raiz é santa, também os ramos o são.* Romanos 11:16. Uma árvore será toda santa se a raiz for santa, é o que disse Paulo. O adversário sempre ambicionou receber a adoração que se oferece a Deus, ele quer corromper a adoração, pois se conseguir, ele corromperá todos os valores a ela inerentes. Qualquer concessão deve ser considerada impensável, nenhuma cogitação, comercialização, barganha, comodato ou intercâmbio. Tudo deve ser desprezado. Os princípios de louvor e adoração são inegociáveis. E eles são expressos no Salmo 33.3 que diz: *Cantai-lhe um cântico novo; tocai bem e com júbilo*. Todas as premissas estão promulgadas aqui. Simples, curto e claro. Nesse texto está o princípio "Novo"! Somente aquele que continuamente escolheu beber da verdadeira fonte poderá apresentar algo novo. E que venha de um coração totalmente regenerado em todos os aspectos. Esse é o requisito ensinado por Jesus à mulher samaritana que são: Primeiro: "Verdadeiro". E em segundo: Em "espírito" e em "verdade". Com "Arte" que expressa destreza, habilidade e domínio. Com "Júbilo" que proclama, que glorifica e que influencia.

Qualquer que seja sua caminhada, antes, porém, de começar ou continuar um projeto na área de louvor e adoração precisará ter ininterruptamente no coração e ao alcance dos sentimentos e do raciocínio os princípios inegociáveis de louvor e da adoração. Protegendo seus passos ou evitando que você seja enganado e pegue um atalho pelo caminho de louvor e adoração, e se desvie dos propósitos de Deus para essa poderosíssima ferramenta. Eu já pesquisei muitas literaturas que já foram impressas no Brasil sobre esse assunto. E encontrei uma "lacuna sutil" sobre aquilo que é inegociável nessa área. Procurei abordar diferentes assuntos daqueles que já foram impressos, sobre louvor e adoração, com o objetivo de fechar um pouco essa lacuna. E também de tornar uma leitura interessante, encorajadora, contextualizada e edificante. Com certeza, você vai se identificar nas situações apresentadas aqui e encontrará a solução prática e não teórica para cada dilema. Espero que você se surpreenda ao ver que os assuntos sobre louvor e adoração não estão ancorados dentro das quatro paredes do ministério de louvor nem tão pouco na vida devocional pessoal.

Ambos se encontram e se fundem neste livro e caminham como um só corpo, inseparáveis, fazendo com que o leitor desfrute das delícias da informação do conhecimento e se desejar da ação.

Antes de começar a construção de um edifício é necessário que haja uma planta com todos os detalhes do empreendimento. Nela está explícito o lote do terreno, a medida do mesmo, a área a ser ocupada, quantos metros quadrados de construção, que tipo de material, detalhes de hidráulica e elétrica. E por menores que sejam os detalhes, não são importantes para leigos como eu, como para que lado o sol nasce a fim de aproveitar o máximo de luz solar ou evitar que incida diretamente sobre determinadas janelas e dezenas de outros detalhes e minudências relativas ao projeto.

Basicamente antes de qualquer passo é necessário observar o que Jesus conta em Lucas 14:28-30 *Pois qual de vós, pretendendo construir uma torre, não se assenta primeiro para calcular a despesa e verificar se tem os meios para a concluir? Para não suceder que, tendo lançado os alicerces e não a podendo acabar, todos os que a virem zombem dele, dizendo: Este homem começou a construir e não pôde acabar.* Aqui estão algumas colocações interessantíssimas. Jesus coloca que antes de se começar uma empreitada de louvor e adoração é preciso saber se consegue-se ir até o fim. Quando alguém começa algo e não termina é porque tem muitos e sérios problemas, mas o maior deles é a inconstância. Considere Thiago 1:6-8 *Pois o que duvida é semelhante à onda do mar, impelida e agitada pelo vento. Não suponha esse homem que alcançará do Senhor alguma coisa; homem de ânimo dobre, inconstante em todos os seus caminhos.* Louvor e adoração não são apenas as práticas de abrir a boca e sair cantado, antes, contudo é preciso trabalhar a motivação.

A motivação é o princípio de partida para a construção dessa torre ou edifício. Chega-se logo no início deste livro a apresentar o não desconhecido "alicerce"! Para que serve o alicerce? O alicerce, ou fundação, serve para apoiar a construção. O princípio de funcionamento é uma estrutura de ferro ou de concreto, colocada sob a terra com a finalidade de distribuir o peso do edifício por uma área maior do solo. O alicerce evita que qualquer estrutura afunde. Por isso, ela tem que ser posicionada diretamente abaixo dos pontos de apoio da futura construção. No caso dos prédios, ela fica sob os pilares de sustentação. O ideal é que o solo que sustenta o alicerce seja resistente e não se deforme com o peso do edifício. Existem vários métodos para fazer uma fundação.

Eu não sou engenheiro, mas já vi meu pai construir algumas casas e mesmo sendo simples ele caprichava no alicerce. No caso de louvor e adoração não é diferente. Antes de apoiar toda uma construção é necessário observar as regras para o alicerce, isto é, os princípios da coisa toda. Não são diferentes os princípios das regras e das condições. Porém há uma conotação de valores entre si. Observe:

1. Princípio: associado ao começo; motivação.
2. Regras: conjunto de normas, leis; Código de execução.
3. Condições: base fundamental; qualidade ou estado requerido.

Este livro poderia ter três títulos; As "regras" inegociáveis do louvor e da adoração; Os "requisitos" inegociáveis do louvor e da adoração ou Os "princípios" inegociáveis do louvor e da adoração

Eu optei por "princípios" justamente porque eles são os motivos do sucesso ou de fracassos. Eu ouvi de um irmão que "A glória é de Deus, mas o sucesso é nosso". E ele está correttíssimo. Deus espera receber glória por meio do nosso sucesso.

Sendo o texto de Salmos 33:3 que marcou meu ministério desejo também que este texto marque a sua vida, promova coragem e transforme suas atitudes em destemidas.

Quero incentivá-lo a ser intrépido e favorável e receber este desafio do Espírito Santo para esta geração.

O desafio é para que o nosso louvor seja "Novo", "Vivo" e com "Arte". A música sofre transformações através dos tempos. As composições passam por modificações e intervenções tanto dos legítimos artistas, como dos produtores capitalistas. Um artista se expõe sob forte influência de fatores puramente criativos e também pelos apelos comerciais. Eu conheço gente que faz arte com indescritível talento, inovação e arrojo. E são desconhecidos da massa consumidora. E existem artistas duvidosos com músicas medíocres que são conhecidos e aclamados pela massa. Às vezes, não são os produtores que ditam o mercado, nem sempre é assim, mas a cultura da massa. Isso é o resultado de fatores econômicos, sociais que deixam o povo com um péssimo gosto musical. E chamam isso de cultura popular. Aqueles que são mais informados, educados e endinheirados formadores de opinião, pouco influenciam esta cultura popular, porque o popular que é brega, medíocre e mal informado alimenta o seu conforto e luxo. Pouco importa o que Deus pensa. Deus é quem deve se adaptar ao que é oferecido a Ele. A verdade é que se o produto vende então ele é quem dita a tendência do mercado. Ao melhor estilo: "A voz do povo é a voz de Deus!"

Como fazer diferente? Como fazer com que seja Deus quem diga o que deve edificar o povo ou não? O espiritual é diferente do físico. Comumente no meio em que se vive é a demanda que sobrepõe a oferta. Ou seja, se houver fome de *pizza* então se oferece *pizza*. Mas a *pizza* não é muito saudável. Ela é muito gostosa, porém se alguém se alimentar unicamente de *pizza* terá problemas de saúde. O mesmo acontece com o espiritual. A demanda é quem dita o que vai edificar. Mas deveria ser aqueles que detêm a informação que deveriam oferecer um cardápio mais saudável, espiritualmente falando. Hoje o que se ve é a "mono-estilo" fazendo mal à saúde espiritual do povo. Poucos que apresentam a qualidade do "novo" conseguem disponibilizar um bom conteúdo para a massa.

A massa dita as regras do modismo: "um deus segundo o meu coração!" Poderia ser um título para um livro. Isso é a carne passando por espírito. Entretanto, deveria ser: "um coração segundo o coração de Deus". Por isso quando Deus não faz como o crente determina, ele se desvia e fica magoado com Deus. Se o princípio for trabalhado, muita coisa boa edificará essa massa. Por isso um trabalho dentro das congregações dará condições para surgir o "novo" que tanto Deus deseja e ordena na sua palavra.

Os mantras que se ouve por aí são contraproducentes em relação ao que o texto pede. Ficar por horas dizendo; "Santo, Santo, Santo é o Senhor dos Exércitos", não pode ser o fim da adoração espontânea. Por quê? Por que o texto começa com "novo". Não me venha com essa de copiar o que esta tocando no céu é "teologicamente correto". Quebre agora esse conceito de que se deve copiar o que os anjos estão cantando por lá. Se fosse essa a posição bíblica, encontrar-se-ia alguma coisa na palavra dizendo que se deveria copiar aqueles cânticos. E muito mais referências do que esses anjos estão cantando no céu. Haveria claramente escrito na Bíblia. Ao contrário desse pensamento, Deus quer um louvor que nasce no novo coração. É muito bom cantar o que os anjos cantam lá, contudo isso não deve ser a única e mais alta busca.

Cantar a palavra literal deixa limitado o cântico. Não torça a boca! Pondere comigo. Mesmo que você faça dez composições com Salmos 23:1 de forma literal, será a mesma letra apenas com dez melodias diferentes. O novo fica apenas por conta das circunstâncias diferentes em que os dez cânticos são entoados – a melodia. O diferencial está em compor o mesmo salmo não de forma literal, mas interpretando verdades e experiências que se teve com o conteúdo do versículo transformando e traduzindo numa linguagem que comunique essas verdades claramente, porém com "arte". Eu fico um pouco triste quando as pessoas valorizam a música literal, mais do que a criatividade literária que o texto pode se expressar. Isso engessa a arte. Deus quer que você desfrute da inspiração que o Espírito Santo dá, nas letras e nas melodias e por que não até os arranjos!

Fora isso, ainda se depara com letras dos adoradores que parecem textos do "Machado de Assis" ou "Carlos Drummond de Andrade", na parte da poesia da música. E na parte da melodia e harmonia expõem acordes sem fim, parecendo um grego sonoro, arruínam os sonhos e a esperança daqueles que não conseguem colocar 15 palavras diferentes numa letra e incapazes de uma sequência de mais do que três acordes. Pode-se dizer que é rico culturalmente falando, mas de pouco entendimento. Enfim, há mais espaço para os cânticos prosaicos do que para aqueles mais elaborados. Não se pode dizer que as canções simples têm menos ou mais de Deus do que as canções intelectuais. Isso não é ponto para discussão, crítica ou avaliação. Uma canção com a famosa frase bíblica "Santo, Santo, Santo, é o Senhor dos exércitos!" pode levar milhares à adoração apaixonada, do que um texto que demorou um ano para ser elaborado. Em contrapartida a complexidade, a sensibilidade se mostra mais eficaz e de bom gosto. Quantas vezes já se ouviu uma canção e permaneceu-se maravilhado com sua beleza em todos os sentidos? E pergunta-se: como é que eu não fiz uma canção assim? Ela é tão simples. A resposta é que se fica buscando o novo pensando em fazer algo que ninguém fez. E geralmente se usa todo o preparo, conhecimento e habilidade para fazer algo difícil. Equivocadamente pensa-se que o novo está na complexidade e na dificuldade, quando pode surpreender a beleza do novo? Na inesperada "simplicidade" e na "universalidade".

A simplicidade é quando não copio nem reproduzo um estilo, mas uso uma linguagem que não precisa de interpretação. Quem me ouve "entende" grande parte da minha comunicação.

A universalidade é quando apresento algo novo, de forma que grande parte das pessoas com quem estou me comunicando se "identifique" com o conteúdo.

Elas ouvem falar de adoração e usam o que você criou porque as ajudam a se expressar em adoração. A eficácia da comunicação entre ministro e a congregação são o "entendimento" e a "identificação". Não se quer pessoas seguindo um ritmo sem terem o entendimento do que estão fazendo e para onde estão sendo levadas. O som do inferno é assim, o ritmo as jogam nas trevas sem saber do real perigo, ao contrário do que Deus deseja.

Deus espera uma adoração inteligente, com entendimento. Mesmo que seja muito pregada ultimamente – *adoração extravagante* – mesmo que seja adoração do *vento do Espírito* – *não sabe para onde vai* – ou qualquer outro mover que se manifestar futuramente. Os requisitos sempre serão em espírito e em verdade. Por isso que neste livro, as regras inegociáveis da adoração, que era o nome inicial foi transformado em princípios inegociáveis do louvor e da adoração.

Ao ler este livro, você poderá pensar que pode faltar uma linha de raciocínio, mas assim como uma construção, que ainda está em andamento, com tudo espalhado e faltando algumas etapas, tudo pode ainda parecer desconexo, mas com o tempo aquela configuração converte-se em forma de uma "casa" ou "edifício", e no fim, somente no fim, é dado o acabamento. E ao olhar para ela agora, aprecia-se aquela construção que apresenta uma forma totalmente justificável, organizada, harmoniosa e principalmente pode ser habitada. Igualmente deixe este livro levar você, leia todo, deixe o tempo passar, no fim a conclusão será algo que você poderá aplicar em áreas específicas da sua vida. Tenho certeza que você será muito abençoado independentemente do seu conhecimento, qualificação teológica ou experiências. Deus sempre surpreende aqueles que querem ser surpreendidos, mesmo por meio dessas humildes linhas. Deus possa escandalizá-lo com as maravilhas dos Seus princípios, dos princípios que Ele estabeleceu para o louvor e adoração e que não são "inegociáveis".

Sumário

Os Princípios 17

Os Princípios da Palavra 33

O Princípio de ser radical com o passado 49

O Princípio do tema 65

O Princípio do novo 81

O Princípio do vivo 95

O Princípio da arte 109

Excelência ou perfeição 125

Qual a voz que ouvimos deve nos orientar? 139

Como reagir ao chamado de Deus para que o louvor seja novo, com arte e vivo? 153

Conclusão 169

Os princípios

Sem princípios nenhuma sociedade perduraria, há tempos houve uma ideia de a sociedade anárquica viver sem regras. Nenhuma sociedade sem regras subsiste, ao contrário, ela se autodestrói. O povo de Israel precisou de regras para atravessar o deserto. Os construtores do grande templo de Salomão obedeceram às regras da construção. Um exército para elaborar um plano de ataque ou defesa lança mão dos conceitos de guerra. Uma simples partida de futebol é envolta em centenas de regras e que, apesar da popularidade desse esporte no Brasil, dezenas de regras são totalmente desconhecidas. Uma casa sem regras vira anarquia, os filhos têm regras neste contexto. As ciências são regidas por regras. E Deus deixou explicitamente requisitos, regras e princípios para, a partir deles, construir-se louvor e adoração nos conceitos dados por Deus para que se alcance o propósito designado por Ele.

Quando se vai a um seminário de louvor e adoração ou outro qualquer, deseja-se ouvir uma palavra que possa impactar a posição de todos. Se eu estou lá para ministrar ou receber a mensagem, deve ser *rhema* e específica que me arranque do lugar que estou e me leve mais à frente nem que sejam poucos centímetros. Quando alguém vai a um seminário é pelo motivo de se sentir insatisfeito com o que tem de Deus. E o que se ouve? Mensagens que se parecem com uma rede conectada com um computador central. Ninguém fala nada diferente. Eu reconheço o mover de Deus, que se espalha e uma mesma mensagem por ser um mover do Espírito Santo para a nação ou para o mundo. E infelizmente o mover do Espírito Santo é buscado semelhante à moda de roupas de temporada. Perto de uma estação, como o verão. Por exemplo, os estilistas são procurados para determinar quais cores ou tecidos irão compor aquela estação. Geralmente, os estilistas dizem que a dependência vem da Europa, e é um tipo de tecido e cor que se deve copiar para se estar na moda. Faz-se o mesmo com o mover de Deus. Alguém tem a infelicidade de dizer que determinada música é o que está cantando nos EUA e essa canção logo chegará aqui, igual a uma moda de corte de cabelo. Pegam um avião, atravessam o oceano para outro país pensando ser ali a fonte do mover do Espírito Santo. Esse é o equívoco desse conceito: achar que Deus determina o seu mover vindo de outro lugar. A fonte do mover está no coração de todo adorador que O adore em espírito e em verdade. Ele prometeu que rios fluiriam do interior de um adorador e não de um centro cultural estrangeiro.

Para Deus, o Brasil não é diferente de outras nações, Deus ama o seu povo, seja de que nação for. Deus ama o africano igual ao europeu, derrama do seu Espírito tanto no Canadá como no Japão. E no Brasil não é diferente. Para Deus, o Brasil não é o terceiro mundo e por causa disso será o terceiro a receber algo dEle ou porque é uma nação misturada de muitas nações. Isso é o que acontece, e a culpa é daqueles que fecham a oportunidade para aqueles que têm uma identidade, que têm uma mensagem pessoal para a nação. Infelizmente, isso é o que se pode ver, principalmente em grupos de louvor, sempre copiando os estrangeiros. Pensando no que a massa consome comercialmente, os produtores vão mudando o figurino, os arranjos e tudo mais, ficando semelhante ao mover que vem de fora. Não é o corte de cabelo da moda ou na camisa cheia de glitter que está o mover do Espírito Santo no adorador e sim do seu interior. É claro que a embalagem tem que ser atraente, para mostrar, vender e divulgar o conteúdo. Desculpem-me os produtores, as embalagens são lindas! Só têm um problema. Não têm conteúdo! As letras são medíocres! Os arranjos são medíocres! Muitos fingem unção que não têm. O adorador pode ser um artista, porque artista é aquele que faz arte, e Salmos 33.3 diz que o louvor deve ser novo, vivo e com arte. Com arte, algo com identidade, bom gosto, pioneiro e que influencie outros a fazer coisas boas, boa música, bons arranjos e boas letras e tudo o que á de bom.

Não somos melhores que os argentinos (só no futebol) nem inferiores aos americanos (viva o arroz com feijão). O crente brasileiro precisa se valorizar e parar de importar unção. Eu amo os meus irmãos de qualquer nação, só não me venha um estrangeiro querer me ensinar como adorar aqui no meu país. Acredito que se os produtores deixarem de interferir no que Deus quer fazer por meio da identidade dos adoradores brasileiros, o Brasil será respeitado lá fora e exportará a sua adoração pelo menos na proporção que se importa a adoração.

O Louvor e a adoração jamais mudarão sua Essência

A essência da adoração está literalmente na palavra mais frequentemente traduzida. É o vocábulo hebreu *shachah*, que aparece mais de 170 vezes na Bíblia hebraica com o significado de "adorar, prostrar-se, inclinar-se" (Êxodo 34:8; Salmos 66:4;

95:6; Zacarias 14:16). A outra palavra é *abhôdhâ*, que significa servir com temor reverente, admiração e respeito. No Novo Testamento, a palavra principal para adoração deriva da palavra grega *proskyneo*. "*Pros*" significando "até" e "*kuneo*" "beijar"; ou seja, beijar a mão de alguém, como sinal de consideração, fazendo-se uma inclinação de veneração. *Proskyneo* é usada quase 60 vezes com o sentido de fazer reverência, prestar obediência, adorar a Deus, reverenciar a Jesus Cristo. Por isso que eu jamais beijaria a mão de alguém que não considerasse muito superior a mim.

Eu pelo mesmo não beijo a mão de muitas pessoas. Beijo a da minha esposa, da minha mãe e da minha filha e só! Eu não fico beijando sempre a mão delas. Mas eu adoro a toda hora. Eu já ouvi dezenas de explicações que deram maior sentido e paixão à palavra adorar. Eu desejo dar mais importância à atitude de "adorar" do que propriamente a palavra "adorar". A essência da adoração, como diz a música, é o Senhor Jesus. Ele não é a adoração, mas o objeto de adoração e o modelo de adoração. Muito tempo atrás, usava-se muitos textos do Velho Testamento para ensinar a importância da adoração na vida da igreja. E a igreja que descobriu isso, está mais alicerçada que aquelas que ignoraram o mover do Espírito Santo.

Hoje temos uma clara direção do Espírito Santo ao ensinar a adoração como Jesus ensinou. E Ele ensinou muito mais que todos na Bíblia, apesar de Jesus não falar explicitamente sobre o tema música, louvor e adoração. Todos os detalhes estão na vida de Jesus. A história dos Reis Magos fala sobre adoração. A morte dos meninos de dois anos para baixo também fala sobre adoração. Maria foi uma adoradora. José permitiu o desenvolvimento e a proteção deste conceito de adoração dentro da sua casa. Sua infância, seus milagres, seus ensinamentos e sua morte e ressurreição. Toda a vida de Jesus fala sobre adoração. Porém pouco se vai abordar aqui, apenas o que o Espírito Santo disser que é necessário para revelar princípios e verdades sobre o que Deus quer usar em nossas vidas. Não se vê a arte em adoração na vida de Jesus, mas vê-se qualidade de adoração. Há uma adoração nova e viva na vida de Jesus. Ele é a essência da adoração. E o louvor faz parte primária da adoração, pois ele divulga o amor de Deus, enquanto a adoração reconhece para o adorador o louvor para o mundo. Bem que a adoração é um instrumento forte de evangelismo.

O LOUVOR E A ADORAÇÃO JAMAIS MUDARÃO A SUA ORIGEM

Sempre vamos encontrar pregadores da adoração tentando revelar algo que nunca foi visto. Nesses pregadores, reside um perigo terrível que é o de buscar em outras fontes recursos para alimentar uma demanda de inconstância e insatisfação gerada na imaginação dos consumidores de adoração. Eu sou um consumidor da adoração bíblica, eu me alimento de livros que falam sobre adoração bíblica, seminários sérios, ministérios sérios e da Palavra de Deus sobre adoração. Eu sou um consumidor insaciável. Aleluia! Entretanto, no rebanho de Jesus existem ovelhas que não se dão por satisfeitas com os legumes, saladas e alimentos ricos em fibras espirituais que são servidos com muito cuidado na sua igreja local. Nenhuma criança gosta de legumes! E vez por outra sentem o desejo de comer algo diferente. Nada errado com isso inicialmente. Mas numa segunda análise, essas ovelhas poderão habituar-se a esse tipo de guloseima. Até que um falso pregador de adoração lhe dê uma adoração envenenada. De outra fonte. Uma adoração nova, eufórica e com muita paixão, mas de outra fonte.

Isso tem acontecido muito. A impaciência, a ansiedade e a falta da estabilidade emocional e maturidade espiritual dão oportunidades a essa falsa adoração. Toda adoração falsa pode ser identificada quando a fonte não é a que se conhece. Ou quando os princípios não são os fundamentos bíblicos inflexíveis – em espírito e verdade. O alicerce da adoração sempre será o mesmo, em toda a história da humanidade, apenas sendo acrescentado um andar acima. A origem do louvor nunca será no espírito humano. Este poderá louvar ao Senhor, mas será apenas uma intenção de adoração, ou uma manifestação. Contudo, jamais será genuíno, pois sua origem é humana.

O desejo de adorar pode nascer no centro do homem, porém a forma de adorar aceita por Ele sempre virá do Espírito Santo. Mesmo quando alguém está completamente vazio de Deus, total inexistência dEle, não poderá adorar e esta adoração agradar a Deus, somente se o Espírito Santo disser como ele deverá adorar, para Deus receber sua adoração e ela chegar ao céu. Você pode lembrar-se do texto que diz que *todo joelho se dobrará e confessará que Jesus é o Senhor* (Filipenses 2). E até o diabo vai adorar a Deus, mas não é pelo Espírito Santo. A adoração a que me refiro difere desta. A adoração que se entrega para Deus abençoa, porque ela coloca cada um no centro da vontade de Deus. Deus criou o ser humano para o louvor da sua glória. E ao louvá-lO e adorá-lO exerce-se a função de acordo com a identidade.

A adoração que o diabo vai fazer dobrando os joelhos é de reconhecimento e de confissão de culpa por meio da qual se rebelou e tentou receber adoração indo contra aquele que é o único que deveria receber adoração. Esta não é a adoração movida pelo Espírito Santo.

Jesus disse: sem mim nada podeis fazer! Não é somente a sua obra de evangelização. Mas também o nosso ofício de adorador não poderá ser executado se não houver Jesus como orientador, motivador, alimentador e intercessor. Outro dia, pregando na minha igreja, pedi que me dessem uma nova definição para a palavra "nada". Todos me disseram os sinônimos conhecidos como; coisa alguma, espaço vazio, ausência, falta absoluta etc. Entretanto a palavra "nada" é muito contundente. "Nada" é "nada"! Sem a obra de Jesus nada podemos fazer. Inclua a esse nada adorar e ser aceita a nossa adoração. Deus não vai receber a sua adoração se Jesus não interceder por você. Por isso o Espírito Santo dá matéria-prima para você a transformar cm ações.

O LOUVOR E A ADORAÇÃO JAMAIS MUDARÃO A SUA DIREÇÃO

O objetivo é alcançar aquele a quem se direciona atitudes, ações e obras de adoração. Aquela mulher de João 4 é o exemplo de tentativas frustradas de viver sem Deus. Sem Deus, têm-se muitos amantes. Prostituir-se-á com os ídolos, como o desejo de poder, de posição e de conquistar coisas. Coisas ou pessoas são o centro da cobiça. E assim como a mulher samaritana estava sem perspectiva de vida, pode-se viver em total frustração por não ter alcançado alvos, adquirindo apenas as marcas do descontentamento, decepção e desilusão. Um texto muito conhecido, mas agora está-se completamente insensível para suas verdades. Ele não está esquecido, porém não se permite que ele gere a maturidade espiritual em cada um, o que poderia fortalecer convicções sobre o louvor e adoração que se oferece a Deus. E que também ensina a outros do convívio.

Quantas vezes aquela mulher trocou de marido? Quantas vezes ela foi infiel? E os seus filhos? É possível que ela tivesse pelo menos três. Quais foram os traumas que os seus filhos tiveram vendo uma mãe tão popular e volúvel. *Já tiveste cinco maridos, e o que agora tens não é teu marido! (João 4:18)* Pelas minhas contas foram cinco maridos e o que ela estava amasiada era um amante ou marido de outra mulher. A primeira direção que se aprende da adoração é que ela é direcionada para Deus. Contudo não é isso. Primeiro a adoração gera um coração adorador. Então, a adoração primeiramente é direcionada para abençoar o adorador. E aquela mulher antes de adorar a Jesus foi transformada pela revelação de sua identidade. Ela era uma pregadora do evangelho, mas não exercia a sua função. Por isso há tanta gente triste como aquela mulher.

Note que depois de seu encontro com Jesus, ela voltou para a sua aldeia e disse:

- Conheci um homem!

A vizinhança sabendo da sua reputação de trocar de maridos como quem troca de roupa deve ter comentado.

- O amásio dela já foi traído, ela já encontrou outro homem!

A mulher disse:

- Não! Esse é diferente! Ele me ensinou como ser uma verdadeira adoradora!

Todos, por certo, viam o semblante transformado e correram para se encontrar com Jesus.

Aquela mulher descobriu que estava fazendo algo diferente do que era a sua identidade. Ela buscava ser completa com o amor de homens e maridos. Mas não encontrou. Ela já havia experimentado todo tipo de amor dos seus maridos e agora estava buscando em amantes. Jesus a ensinou que se ela bebesse da água que Ele dava, jorraria uma fonte para vida eterna. Ela era uma adoradora, sua habilidade, dons e talentos estavam em comunicar o amor verdadeiro. E é assim conosco. Quando se exerce algo que não se identifica com você, isso o faz ficar perdido por completo. Mas quando se exerce a função de acordo com a sua identidade, tudo flui. Jesus ensinou o caminho da adoração. Primeiro, beber da água depois exercer a função. Primeiro ser saciado pela adoração, depois exercer a adoração. Sua adoração foi pregar o evangelho e toda a sua aldeia conheceu a Cristo. Nunca serei capaz de direcionar a minha adoração para Deus sem que ela, a adoração, que é o meu reconhecimento que somente Deus pode me tornar em algo, modifique a minha natureza. O alcance, a direção e o efeito da adoração são instantâneos. Não posso ser um verdadeiro adorador sem primeiro beber da água viva que Cristo dá. Não posso ser um verdadeiro adorador sem que primeiro se faça uma fonte em mim. Jamais poderei direcionar a minha adoração para Deus sem que a fonte que se fez em mim jorre para vida eterna, ou seja, para aquele que é eterno.

O LOUVOR E A ADORAÇÃO JAMAIS MUDARÃO A SUA FUNÇÃO

Estudar a função da música é diferente de estudar a função do louvor e da adoração. Embora as palavras deem ideias diferentes, estão ligadas entre si. Pode-se, com sucesso, separar e explicar o significado de cada palavra, mas não é isso o que eu quero. Este não é um livro de estudo, mas de compartilhamento. A música tem inúmeras aplicações que não serão abordados detalhadamente aqui, dando assim mais espaço e condições de se abordar o significado da função do louvor e adoração na vida de cada um e na congregação.

Imagine uma árvore de natal. Você pode pendurar dezenas de tipos diferentes de enfeites e ela ainda ficar mais linda. Mas é preciso haver certa relação entres os enfeites. No louvor e na adoração deve-se aplicar o conceito da relação para entender a função. Louvor e adoração não combinam com entretenimento.

Muito embora façam *remixes* de louvores para animar festas, fica apenas uma música ritmada e nada mais se não forem observados os princípios. O escritor sacro nos exorta claramente a que tudo o que se fizer, seja para a glória de Deus. Isso não significa que Deus tem que aceitar tudo o que se faz ou que ele aprova tudo o que o homem propõe. Eu gosto muito de *remix*, já experimentei fazer com algumas músicas minhas e ficou maravilhoso, mas não dá para entrar em determinados patamares e níveis de adoração com um bumbo em semínima. Contudo, no júbilo é muito bem-vindo. Eu posso me alegrar ou guerrear com esse som, mas adorar prostrado em rendição é totalmente desarmonioso. Não está relacionado com o contexto. Alguns tentam forçar, mas com o tempo isso passa. É a ânsia por novidade. Deus não precisa de novidades. Por isso o caminho do Espírito Santo é a direção e o terreno seguro e certo para se trilhar, a fim de oferecer o louvor que vai alcançar o objetivo. Por isso a igreja deve rejeitar transformar o louvor e adoração em entretenimento. Existem outras músicas para isso. Usei o *remix* como exemplo, porque é o gênero mais propício para o uso inadequado. O louvor pode animar a festa, e ele traz alegria às festas para Deus, contanto que Deus seja glorificado ali. Até mesmo a sutil aparência de carnalidade deve ser condenada.

Todos tentam pendurar o seu enfeite na árvore do louvor e adoração, entretanto o Espírito Santo dará a orientação correta sobre a função de cada parte dessa ferramenta. O louvor e a adoração não são para entreter o povo, ou para animar a festa.

A função é edificar. A palavra ensina uma forma adequada do uso do louvor: *Está alguém entre vós aflito? Ore. Está alguém contente? Cante louvores.* Tiago 5:13. O uso da música permite uma gigantesca gama de utilização, mas o louvor e a adoração estão devidamente expressos na palavra.

A disposição de se alegrar com louvores não deve ser confundida com uma festa sem que Deus possa estar presente. A intenção de festejar sempre deve "ser espiritual", caso contrário o risco de se cair na carnalidade é muito grande. "Ser espiritual" não quer dizer um ambiente sério e reverente. Mas com a intenção espiritual de edificar. Edificar é construir, e pode se construir a alegria, construir a descontração, que é tirar o peso ou pressão negativa de um ambiente espiritualmente triste. As funções do louvor e da adoração são a promoção do relacionamento com Deus. Conectar-nos com Deus e tudo o que está relacionado com Ele.

De forma harmoniosa, isso pode ser exercitado juntamente com outras partes importantes que compõem o todo dessa ferramenta. O louvor e a adoração podem ser usados como ferramentas de edificação, ensino, arma ofensiva na guerra espiritual, instrumento de consolo, escudo, preparador para o fluir profético, testemunho de milagres, mecanismo aferidor de constância, instrumento de cura, evangelismo etc. Tudo menos entretenimento! Louvar e adorar não podem ser rebaixados a um passa tempo, uma distração, uma recreação. Você pode se divertir com músicas, mas não pode alcançar a classificação de louvor e adoração com a irreverência da diversão, da diversão do entretenimento.

A função do louvor e da adoração pode ser desviada, porém sofrerá juízo por tomar o nome do Senhor em vão aquele que ousar desvirtuar o propósito. É responsabilidade de lideres, pastores e todos aqueles a quem Deus deu a oportunidade e voz nesta geração de guardar a essência dessa poderosíssima ferramenta.

O LOUVOR E A ADORAÇÃO JAMAIS MUDARÃO A SUA IMPORTÂNCIA

Eu vim de uma geração que lutou para colocar o louvor e a adoração em seu correto lugar no contexto do culto a Deus. Sempre houve uma discussão totalmente desnecessária e infrutífera nas igrejas. A discussão era a importância limitada aferida ao louvor e à adoração. A luta foi contra forças espirituais de religiosidade, espírito de fariseu, Belzebu, Jezabel e outros, e também contra o falso zelo pelas coisas de Deus. É responsabilidade desta geração manter a essência genuína do louvor e da adoração. Não permitir o desvio, a degradação, a secularização, a vulgarização e o entorpecimento. Denunciar e condenar todos aqueles que tentarem mudar a essência do louvor e da adoração. Infelizmente, em alguns casos, isso não está sendo feito pelo povo de Deus, aceitando que as igrejas sejam invadidas por artistas comprometidos unicamente com o comércio.

Dentre as muitas funções da Palavra, a principal é de alimentar o povo de Deus. Da mesma forma, o louvor e a adoração têm muitas funções, mas a fundamental é edificar. No louvor e na adoração, as pessoas podem ser curadas, mas esta não é a função primordial do louvor e da adoração. A congregação pode aprender no louvor e na adoração algumas verdades bíblicas, muito mais do que se fossem explicadas. Contudo esta característica de ensinar é limitada, não é amplo e totalmente eficaz esse funcionamento. Apesar disso, o louvor e a adoração podem entrar em lugares que um pregador jamais entraria. Porém somente a palavra poderia sustentar alguém alcançando neste lugar inacessível inicialmente à palavra. Por mais que amemos o louvor e a adoração, nesta vida, estes somente serão completos se acompanhados da palavra e vice-versa.

Quando toda a Palavra se cumprir ela será guardada. Ninguém vai precisar ser sustentado pela Palavra no céu. Ela fará parte apenas da história, pois estaremos com o autor da palavra. E o louvor e adoração continuarão para sempre. Eu não sei por que os pregadores ficam irritados com isso? Nunca a palavra é mais importante que o louvor. E infelizmente pregadores e estudiosos afirmam isso. Para um culto ser verdadeiramente completo deve haver todos os elementos reivindicados na Palavra. Ações de graças, orações, pregação da palavra, oferta e comunhão. Por isso é heresia dizer assim:

- Chegou a parte mais importante do culto: o momento da Palavra!

Tudo é importante. O que é preciso entender é que um elemento não substitui o outro. Deixe bem claro na sua mente que sem louvor e adoração a vida definha em qualquer sentido. Não é mais necessário muito esforço para colocar o louvor e a adoração no seu devido lugar. O tempo se encarregou de ajudar a provar isso. E chegará um tempo em que a igreja não necessitará oferecer um ensino sobre a importância dessa ferramenta na igreja, porque a atmosfera de revelação estará tão saturada dessas verdades que aquele que se levantar para defender bandeiras ufanistas perderá a voz e a influência naturalmente.

Eu participei de uma igreja que dizia que a prioridade era missões, e era difícil colocar a adoração no lugar de importância que a Bíblia demonstra. Todos eram obcecados por fazer missões. Eles diziam que o coração de Deus era um coração missionário, e que deveria pegar a visão. Era muito incômodo a forma desesperada que se apresentava aquilo tudo. Mas eu não me abalei por causa daquela ideia fixa, eu sabia no meu interior que fazer missões era tão importante quanto edificar a igreja. Do que adianta ganhar dezenas de almas sem que elas sejam alimentadas e edificadas e possam desfrutar do relacionamento com Deus. E quantas igrejas ainda existem com ideia fixa sobre sua missão. Isso é prejudicial e em longo prazo deficiências e deformidades desse corpo aparecerão confirmando o que estou afirmando aqui. Um corpo sadio para crescer não poderá apenas fazer missões. Um corpo para ser saudável precisará exercitar os propósitos para igreja a fim de crescer e se desenvolver de forma hígida, mesmo que ela se destaque em uma única área. Uma igreja que só louva e adora morrerá de fome. Uma igreja que só faz missões um dia enfrentará uma crise, e ela inevitavelmente vem, e dissolverá todo o esforço missionário já realizado e possivelmente sofrerá um forte abate nos seus investimentos, até almas se perderem. Uma boa leitura sobre isso é *Uma igreja com propósito* do autor Rick Warren. Mas, por favor, é somente o ensinamento sobre os cinco propósitos da igreja que devem ser considerados. O resto é testemunho do que eles viveram por lá, apenas leitura.

Perguntas e Tarefas

- Você por alguma vez já teve dúvida da veracidade da Bíblia?
- Já tentou fazer algo conscientemente desobedecendo a algum princípio da Palavra, pensando que poderia haver uma tolerância? Avalie os resultados sinceramente.
- Deus mostrou algum ídolo no seu coração?
- Você está cansado de algum trabalho infrutífero e gostaria de ajuda?
- Atualmente você está forçando alguma situação? Coagindo as pessoas da igreja a adorar de uma forma que não corresponde à identidade delas?
- Qual a importância de uma vida de adoração para você e quais ainda não alcançou?

Os princípios da Palavra

Qual é o valor da sua palavra? O quanto você espera que as pessoas atentem para o que você diz? Algumas regras são tão repetidas que perdem o seu poder de impacto em vez de se transformar um hábito saudável. Desde que me converti, ouço reclamações dos pastores através das gerações que o povo de Deus não pratica a Palavra. Parece que o problema é crônico. E ele é, pois vê-se desde o ajuntamento do povo de Deus no deserto, que Moisés reclamava que o povo de Deus não praticava a Palavra de Deus. Ele previa isso por meio de suas experiências em pastorear aquele povo. *Pois sei que depois da minha partida certamente vos corrompereis, e vos desviarei do caminho que vos ordenei.* Deuteronômio 31:29. Mesmo sem conhecer muito do futuro, é totalmente previsível saber pelos passos de uma pessoa no que ela se tornará no futuro. Não é adivinhação, nem profecia nem túnel do tempo. Eu como pastor posso dizer como será o futuro de muitas das ovelhas que cuido, sabendo o que elas praticam hoje. Não dá para errar muito. O futuro será tudo o que a pessoa planta hoje. Um marido, que ama seus filhos, seu lar, ama a sua esposa e a respeita, terá um retorno muito positivo vindo de cada parte que semeou. Um marido, que não valoriza seu lar, não educa seus filhos e se demonstra indiferente para com os sentimentos e sonhos da sua esposa, colherá muitas dores para si. *Todo aquele, pois, que escuta estas minhas palavras e as pratica, assemelhá-lo-ei ao homem prudente, que edificou a sua casa sobre a rocha.* Mateus 7:24. Olhando para vida de uma pessoa hoje podemos facilmente dizer o que ela será no futuro. E é por essa razão que Deus ordena a praticar a sua Palavra para sermos muito abençoados no futuro, que está intacto. Isso para aqueles que não o comprometeram com atitudes irresponsáveis e inconsequentes. Existem algumas coisas que se faz que podem destruir a possibilidade de Deus agir no futuro. Deus pode fazer o que Ele quiser, desde que se dê condições para Ele fazer. Deus não vai usar um vaso sujo. A condição para Deus usar esse vaso é a sua santidade, separação e disposição. Não é preciso inicialmente ter capacidade. Ela é adquirida com a disposição de se deixar usar por Deus.

Projeção do nosso pecado

Será que quando você dirige as palavras, prometendo algo ou fazendo um comunicado de compromisso, aquele que as recebe fica tranquilo sabendo que você cumprirá o que falou? Será que quando você fala, suas palavras geram vida em quem as ouve ou gera dúvida sobre a veracidade do conteúdo? Se você não pode confiar na sua palavra, *quem dirá os outros!*

A primeira Palavra da boca de Deus que conhecemos é: *Haja luz!* Gênesis 1:3. Muitas outras saíram da boca de Deus, mas nenhuma voltou vazia, nenhuma delas deixou de cumprir com poder e eficácia o propósito de seu pronunciamento. Quantas vezes se deixa escapar as bênçãos das nossas mãos porque se projeta em Deus a infidelidade. Sim isso acontece com frequência. Suspeita-se que Deus não fará o que prometeu, porque a raiz dessa dúvida está em nós. Todos são infiéis, a ponto de acreditar que Deus também agirá como se age com Ele. O que será que se faz para Deus? Pode ser uma pergunta. Promete-se e não se cumpre. Ele diz em sua Palavra que, embora sejamos infiéis, ele permanece fiel. Nota-se essa preocupação com as promessas quando em Gênesis 15:17 aquele que é fiel passou no meio dos animais cortados como tocha de fogo fumegante. Deus sabia que se Abrão e sua descendência não permanecesse fiel Ele seria fiel. Abrão não podia passar entre os animais afirmando que ele e sua descendência permaneceriam fiéis, mas Deus que fez a aliança com Abrão podia dizer que seria fiel. Por isso Deus esperou Abrão cair em profundo sono para não passar entre os pedaços dos animais. Era um costume contratual de juramento.

A palavra de Deus é muito diferente da nossa palavra; *Porque, assim como desce a chuva e a neve dos céus, e para lá não tornam, mas regam a terra, e a fazem produzir, e brotar, e dar semente ao semeador, e pão ao que come. Assim será a minha palavra, que sair da minha boca; ela não voltará para mim vazia, antes fará o que me apraz, e prosperará naquilo para que a enviei.* Isaías 55:10-11

Todos sabem que não há firmeza na palavra de qualquer homem, e todos pensam que Deus agirá igualmente. Tome cuidado para não fazer tal loucura.

Conselhos Divinos

Na Palavra de Deus, há alguns conselhos. Em Mateus 6:21, há este conselho. *Coloque seu tesouro onde você gostaria que o seu coração estivesse.* Em Provérbios, 17:17 Deus está dizendo que se você não valorizar o amigo, no dia da angústia (e ela virá, aleluia!), você não terá ninguém para consolá-lo e mostrar a direção da restauração. Em Provérbios 18:9, diz que a preguiça dá um belo par: O diabo! Eu mesmo procuro não ler os mesmos assuntos em livros ou artigos porque eu quero aprender coisas novas, uma nova revelação ou algo que ninguém ainda viu na Palavra. E você pode pensar da mesma forma e dizer:

- Ricardo, eu conheço essas palavras? O que Deus tem de novo para minha vida hoje?

A renovação da Palavra está em coerência e em dependência da sua aceitação ao que Deus quer falar e não o que você espera ouvir. Realmente, a Palavra se renova, mas há algo que está se alastrando na igreja nos dias de hoje. E Deus não quer que você se esqueça de que Ele é Deus e o ser humano não passa de pó, e todas as obras feitas pelo homem podem ser más se não forem originadas em Deus. Em Números 12:1-10, conta uma passagem que Moisés enfrentou no seu ministério. Miriam e Arão denegriram a imagem de Moisés por causa de uma mulher. Espero que ninguém aqui fique leproso! A lepra era uma doença que marcava a pessoa, ninguém queria contato com leproso, o leproso perdia o emprego, a família, os bens, a saúde, a autoestima, as obras que realizava. Se eles tivessem falado que Moisés estava gordo, esquisito, ou se criticassem por ter deixado o cabelo crescer, não havia problema. Mas como falaram da sua administração eclesiástica tocaram na obra de Deus. E quando qualquer um toca na obra de Deus sofre o juízo de tal ação.

Deus sempre cumpre o que promete desde que se observe as condicionais que Ele coloca, para que sejam obedecidas. Deus promete que se você obedecer, vai comer o melhor desta terra. Você está comendo?

Em João 3:4-8, fala sobre o novo nascimento. Todos nasceram de um pai que cumpre a suas promessas! Aleluia! Se você é nascido de novo não vai ficar questionando Deus e o obedecerá e esperará as bênçãos que certamente virão. Eu sempre digo uma frase assim:

– Se você fizer do jeitinho de Deus, não tem como dar errado.

Antes de chegar a um louvor novo, vivo e com arte, há a classe da prática da Palavra de Deus. Quando se expressa alguma promessa, não se deve tardar em cumprir. É assim que se espera que Deus faça. Agora é o tempo de entender que a nossa palavra é fiadora. Não se pode fugir da responsabilidade da fiança. Normalmente, nega-se as fraquezas, e sempre que se depara com ela, um muro se levanta, o da autodefesa, das desculpas e da ocultação. Ao ser usado por Deus, deve-se abandonar esse hábito.

PLANOS SÃO SECRETOS, MAS OS PRINCÍPIOS NÃO

Todos têm um plano, um projeto sempre baseado em necessidades pessoais e imediatas. Vou falar um pouco do seu principal plano sem errar muito o alvo.

– Seu projeto é ter dinheiro para pagar as contas?

Seja qual for o projeto de vida você ficará amarrado a ele se não organizar a escala de valores e prioridades da sua vida. Recebe-se uma vida de presente e ela se torna um fadado círculo monótono, sem graça e nebuloso cheio de repetições e vícios. *Só eu conheço os planos que tenho para vocês: prosperidade e não desgraça e um futuro cheio de esperança. Sou eu, o SENHOR, quem está falando.* Jeremias 29.11

Deus daria algo a mais para se cuidar se não se cuida do diamante mais valioso? Salomão chama isso de vaidade e aflição de espírito. Ele termina o seu livro sobre a vida assim: *De tudo o que foi dito, a conclusão é esta: tema a Deus e obedeça aos seus mandamentos porque foi para isso que fomos criados. Nós teremos de prestar contas a Deus de tudo o que fizermos e até daquilo que fizermos em segredo, seja o bem ou o mal.* Eclesiastes 12.13-14. LH.

Todos os planos que se faz somente prevalecerão se Deus for o primeiro de todos. Os planos podem ser secretos, mas os princípios jamais serão secretos. Muitas vezes planos e propósitos são geralmente adaptados de acordo com a necessidade imediata do ser humano. Se for rejeitado, a necessidade será de uma impressão mais forte para suprir aquilo que foi amputado, o amor-próprio, ou autoestima. Se você for injustiçado, planejará uma vingança. Se o seu orgulho for ferido, então a sua prioridade será em descontar isso em alguém mais fraco ou na própria pessoa que fez o mal.

Alguns planos secretos nascem de nossa insegurança. Não se confia e espera-se que Deus esteja interessado o suficiente para cuidar de detalhes que interessa a cada um; segurança, pagamento das contas, reputação, autoestima. Infelizmente os princípios também podem sofrer adaptações de acordo com a conveniência. Satanás sempre vai lutar para destruir os princípios. Se conseguir degradar só um pouquinho já será suficiente para contaminar toda a construção de louvor e adoração. O mundo se levanta contra a adoração a Deus. A maior ilusão é pensar, supor ou esperar que alguém ajudará a igreja. Se não orar e lutar pelas bênçãos, Elas jamais virão. Amigos do evangelho ou amigos do Rei não são o mesmo que filhos e irmãos! Veja um exemplo disso: *E, tendo nascido Jesus em Belém de Judeia, no tempo do rei Herodes, eis que uns magos vieram do oriente a Jerusalém, dizendo: Onde está aquele que é nascido rei dos judeus? Porque vimos a sua estrela no oriente, e viemos a adorá-lo. E o rei Herodes, ouvindo isto, perturbou-se, e toda Jerusalém com ele. Então Herodes, chamando secretamente os magos, inquiriu exatamente deles acerca do tempo em que a estrela lhes aparecera.* Mateus 2:1-3, 7

Claramente nota-se a intenção Herodes de usá-los para localizar o rei que ele temia nascer. Confira v. 8 *Enviando-os a*

Belém, disse-lhes: E no v. 12. Protegidos por Deus voltaram por outro caminho ao Oriente. No v. 16, está revelado o verdadeiro intento de matar o objeto da adoração e não de ser um colaborador da adoração.

Propósitos não declarados

Quantas pessoas saem da igreja porque querem viver um evangelho light. Adequado ao meu jeito de ser. Veja isso em Cânticos 1:5-7. *Eu sou morena, porém formosa, ó filhas de Jerusalém, como as tendas de Quedar, como as cortinas de Salomão. Não olheis para o eu ser morena; porque o sol resplandeceu sobre mim; os filhos de minha mãe indignaram-se contra mim, puseram-me por guarda das vinhas; a minha vinha, porém, não guardei. Dize-me, ó tu, a quem ama a minha alma: Onde apascentas o teu rebanho, onde o fazes descansar ao meio-dia; pois por que razão seria eu como a que anda errante junto aos rebanhos de teus companheiros?* A sulamita é relaxada com a sua vinha, *a minha vinha, porém, não guardei*, ela se descreve bonita, *porém formosa*, as manchas do sol a deixavam com uma aparência não saudável. Ela procurava que o seu noivo aceitasse seu relaxo e seus defeitos. Desejava se relacionar de uma forma que lhe fosse conveniente. Mais à frente no capítulo 3, ela se mostra descuidada e mostrava seu corpo para estranhos. No capítulo 5, também expressava sua admiração com o noivo, dizia que ele era maravilhoso, mas não passa um maior tempo com ele. É um pensamento peculiar que igualmente se tem: "Já que somos perfeitos; então o mundo que mude!" Ficamos atados e amarrados aos planos secretos traçados para nossas vidas e não permitimos que Deus nos tratasse naquilo que realmente precisamos de mudança.

A igreja, noiva espera que o noivo, Jesus, aceite se relacionar com alguém relaxado e com defeitos. Jesus deu a sua vida para tornar a igreja gloriosa e sem defeitos. Ele não vai se casar com uma noiva manchada e relaxada. Os homens de Deus da Bíblia sempre pensaram em suas gerações, procuravam viver uma vida que seus filhos pudessem gozar das bênçãos de geração em geração. Esse é um pensamento já um pouco perdido, o de pensar nos descendentes. O que mais se vê hoje em dia são pessoas voltadas para as suas carreiras e projetos pessoais. O rebento, infelizmente, fica em segundo plano. Os propósitos secretos podem ser desnudados na medida em que é exigida uma vida copiosa em espiritualidade. A luz sempre denunciará os propósitos destorcidos e egoístas. Olhe para a sua vinha e para suas manchas, Jesus abre a sua Palavra para que você veja os princípios inegociáveis para que se alcance o louvor e adoração perfeitos. Jesus é mediador aperfeiçoa louvor e adoração para que seja aceito por Deus. Jesus, o filtro, nada imperfeito ou impuro, chega a Deus. Quando os propósitos secretos mancham o louvor e a adoração, o Espírito Santo avisa como está fazendo agora. Purifique toda intenção e motivação.

Mova-se com os princípios da glória de Deus

Sempre que se busca uma explicação para as coisas espirituais esbarra-se no padrão de conhecimento adquirido por meio da experiência ou da informação. Ouvi dizer que cair no espírito... Porém se caem para frente é prostração, se cai para trás é demônio, se cai de lado está em rebeldia, se cair estrebuchando está com dores. Não há padrões para o agir de Deus, Ele batiza com água e com fogo. Água = Limpeza, purificação: Fogo purificação, limpeza. Tudo dá o mesmo resultado: Uma vida nova!

Todos estavam admirados, sem saberem o que pensar, e perguntavam uns aos outros: — O que será que isso quer dizer? Mas outros zombavam, dizendo: — Esse pessoal está bêbado! Atos 2.12-13. LH

É normal ter aquela sede de estar em vantagem, em alguma coisa, já que no mundo sempre se está em desvantagem, no Reino de Deus, cede-se à tentação de Lúcifer de querer ser cacique e não servos. As coisas espirituais se discernem espiritualmente. Para entender as coisas espirituais, é preciso, muito mais que estar *"em"* ou *"no"* espírito, buscar estar no nível de revelação para poder "somar" e não "reduzir".

Graça para quem quer Graça! *Deus resiste aos soberbos, dá, porém graça aos humildes.* Tiago 4.6. A soberba vem de um coração que sente superior. Toda revelação vem para pessoas que se considerem indignas. O soberbo se acha merecedor e o humilde se vê na condição de aprender e se surpreender! O soberbo não se curva, sempre tem uma resposta para tudo. – Eu já sei! – Isso eu já conheço! Se mova com a glória de Deus O soberbo na realidade espiritual se defende levantando um muro para que ninguém veja quem ele é. Veja o que está escrito em Apocalipse 3:17. *Vocês dizem: Somos ricos, estamos bem de vida e temos tudo o que precisamos. Mas não sabem que são miseráveis, infelizes, pobres, nus e cegos.*

O que pensar e o que isso quer dizer? *Todos estavam admirados, sem saberem o que pensar,* At. 2.12. LH.

Aprender, render-se, experimentar e responder. Se Deus está agindo, é preciso mover-se com o mover de Deus. A nuvem se move, nós nos movemos, ela para, nós paramos. A dinâmica da revelação espiritual é inesperada e inexplicável. Assim como a "Graça" de Deus é inexplicável, "Graça," não é somente favor imerecido, como se aprende resumidamente na EBD ou outros. Graça é o que não se pode explicar: inspiração, perdão, alegria, plenitude, liberalidade, santidade, pureza, sobrenatural. O entendimento da Graça está no nível de relacionamento que há com Deus. No nível em que se está, ela se discerne em nosso entendimento. E graças a Deus, esta se manifesta independentemente do nível de entendimento que houver. Deus amou o homem antes de o homem conhecer, entender ou amar a Deus. Deus nos amou quando éramos inimigos dEle. Ele nos amou ainda quando estávamos mortos nos nossos delitos e pecados. Adoração é comunhão, é evangelização, tudo o que se faz no Reino de Deus, muito mais que abençoar os outros, sempre somos os primeiros a serem abençoados pelo gigantesco privilégio de estar ligados as coisas de Deus. Deus nos retribui em tudo, aquilo que fazemos para Ele. Tudo, absolutamente tudo, tem uma recompensa.

Reaja ao mover de Deus! A nuvem está na igreja quando esta se reune, ela está na sua casa quando você adora, e ela está na sua empresa quando você se rende, aprende e responde. Vamos nos mover assim como Deus está se movendo. Muitos outros podem zombar. *Mas outros zombavam, dizendo: — Esse pessoal está bêbado!* Atos. 2.13.LH. E daí! Pior para quem fala mal, depois Deus dá o troco. Porque bem conhecemos aquele que disse: *Minha é a vingança, eu darei a recompensa, diz o Senhor. E outra vez: O Senhor julgará o seu povo.* Hebreus 10:30

Você já deve ter lido isso, Deus não impediu a zombaria, mas acrescentou três mil almas. O troco foi quase três mil almas convertidas. Deus sempre dá honra para seus filhos, filhos que esperam nEle! Foi assim com os pentecostais de Atos e será assim com você!

Escolhas e compromissos que mantêm os princípios

O que é preciso fazer para manter os princípios inegociáveis do louvor e adoração. *E, comendo com eles, determinou-lhes que não se ausentassem de Jerusalém, mas que esperassem a promessa do Pai, a qual, disse ele, de mim ouvistes.* Atos 1:4

Talvez você responda que para manter os princípios será preciso ir aos cultos e gritar junto com quem está gritando, pular junto com quem esta pulando, orar em línguas junto com quem esta orando, dar "glória" bem alto e bater palmas com aqueles que estão batendo palmas. Isso é muito bom! Eu faço isso sempre! É uma delícia espiritual! Com certeza, isso ajuda a exercitar a edificar a se encher de Deus. Oh Glória! Fantástico! Se você ainda não fez, não é porque você não tem o Espírito Santo ou porque você não tenha condições, ou ainda, se isso não é para você. Se a manifestação do Espírito Santo não é para os selados para a redenção, então para quem é? Se você estudar um pouquinho de Pneumatologia – doutrina do Espírito Santo – você sentirá uma sede e fome espiritual que o fará procurar os melhores dons e com certeza nesta procura pelo melhores dons você passará pelo batismo no Espírito Santo. Se você disser que batismo é morte, eu aceito, é isso mesmo, por isso que morrem seus "conceitos" que emperram a roda que faz Deus surpreender você.

Você sabe que "Dons" significa "Carismas" – Efeito da Graça. Uau! Eu quero estar totalmente embriagado pelo efeito da Graça! E você? A tá! Você faz teologia? Parabéns! Como é possível a criatura estudar o Criador? É como se um telefone desejasse entender a cabeça do seu inventor - Graham Bell. Tudo é reflexo, muito superficial, até que nossos corpos sejam glorificados. Aí, então, O veremos assim como Ele é. Bom, enquanto não chega esse dia fique em Jerusalém para receber as promessas prometidas para esta vida.

O que se fala numa mesa recheada de comida? Quantas coisas a gente fala quando se está na mesa. Comenta-se sobre o culto, sobre nossas vidas, sobre os comportamentos bons e ruins que se presencia nos relacionamentos. Quando se come, compartilha-se umas das coisas mais importantes para a vida: o alimento. O alimento é o que mantém as forças, evita o envelhecimento, faz engordar, repor a água que se perde etc. O corpo precisa dos alimentos. E ao provar cada um deles, experimenta-se prazer em sentir o seu sabor. Não se ausentem de Jerusalém! Jesus determinou que eles não se ausentassem de Jerusalém para esperar o cumprimento da promessa. Deus colocou você na exata posição para que se manifeste o cumprimento das suas promessas. Veja: *Jesus disse: — Naquele dia o Reino do Céu será como dez moças que pegaram as suas lamparinas e saíram para se encontrar com o noivo. Cinco eram sem juízo, e cinco eram ajuizadas.*

As moças sem juízo pegaram as suas lamparinas, mas não levaram óleo de reserva. As ajuizadas levaram vasilhas com óleo para as suas lamparinas. Como o noivo estava demorando, as dez moças começaram a cochilar e pegaram no sono. À meia-noite se ouviu este grito: "O noivo está chegando! Venham se encontrar com ele!" Então as dez moças acordaram e acenderam as suas lamparinas. Aí as moças sem juízo disseram às outras: "Deem um pouco de óleo para nós, pois as nossas lamparinas estão se apagando." "De jeito nenhum", responderam as moças ajuizadas. "O óleo que nós temos não dá para nós e para vocês. Se vocês querem óleo, vão comprar!" Então as moças sem juízo saíram para comprar óleo, e, enquanto estavam fora, o noivo chegou. As cinco moças que estavam com as lamparinas prontas entraram com ele para a festa do casamento, e a porta foi trancada. Mais tarde as outras chegaram e começaram a gritar: "Senhor, senhor, nos deixe entrar!" O noivo respondeu: "Eu afirmo a vocês que isto é verdade: eu não sei quem são vocês!" Mateus 25.1-12

É comum a gente sair da sala bem na hora que o filme revelará quem matou o protagonista. Alguma distração ocorreu e que não pode ser evitada ou adiada. As dez moças saíram, porém cinco não pensaram como manteriam as lâmpadas sempre acesas. A Bíblia chama cinco delas de moças "sem juízo" (imprudentes, descuidadas, inconsequentes irresponsáveis.) e cinco de "ajuizadas"! O noivo não veio na hora que elas estavam esperando, todas começaram a cochilar e só depois pegaram no sono profundo. Muitas promessas não acontecem no tempo que se pensa, e essas manifestações milagrosas acontecem inesperadamente. Manifestações milagrosas! Como elas ocorreram na Palavra?

1.   Agente de milagres. O caso de José. O milagre para a sua família. Gênesis 45:7-8

Deus me enviou adiante de vós, para conservar vossa sucessão na terra e para vos preservar a vida por um grande <u>livramento.</u> Assim, não fostes vós que me enviastes para cá, e sim Deus, que me pôs por pai de Faraó, e senhor de toda a sua casa, e como governador em toda a terra do Egito.

2.   Agente de milagres. O caso de Moisés. O milagre para o povo de Deus Êxodo 14:13

Moisés, porém, respondeu ao povo: Não temais; aquietai-vos e vede o <u>livramento</u> do Senhor que, hoje, vos fará; porque os egípcios, que hoje vedes, nunca mais tornareis a ver.

3.   Agente de milagres. O caso de Jonathas e Davi. O milagre para Israel e Davi. 1 Samuel 19:5

Arriscando ele a vida, feriu os filisteus e efetuou o Senhor grande <u>livramento</u> a todo o Israel; tu mesmo o viste e te alegraste; por que, pois, pecarias contra sangue inocente, matando Davi sem causa?

4.   Agente de milagres. O caso de Ester. O milagre para os judeus. Ester 4:14

Porque, se de todo te calares agora, de outra parte se levantará para os judeus socorro e <u>livramento</u>, mas tu e a casa de teu pai perecereis; e quem sabe se para momento como esta é que foste elevada a rainha?

5. Agente de milagres. Todos os que esperam em Deus. Obadias 1:17.

Mas, no monte Sião, haverá <u>livramento</u>; o monte será santo; e os da casa de Jacó possuirão as suas herdades.

6. Agente de milagres. O seu caso, caro leitor. O milagre para a sua vida. 1 Coríntios 10:13.

Não vos sobreveio tentação que não fosse humana; mas Deus é fiel e não permitirá que sejais tentados além das vossas forças; pelo contrário, juntamente com a tentação, vos proverá <u>livramento</u>, de sorte que a possais suportar.

O caso das moças e o noivo. Foram acordadas com gritos v. 6 — *À meia-noite se ouviu este grito: "O noivo está chegando! Venham se encontrar com ele!"* Tem gente que para acordar você tem que dar uns gritos, e até quem estava preparado foi acordado subitamente. Quem gritou? *"O noivo está chegando! Venham se encontrar com ele!"* Resposta: Apocalipse 3:20 *Eis que estou à porta e bato; se alguém ouvir a minha voz e abrir a porta, entrarei em sua casa e cearei com ele, e ele, comigo.* Pasmem! O próprio Noivo. Jesus!

Escolhas e compromissos que mantêm os princípios. *E, comendo com eles, determinou-lhes que não se ausentassem de Jerusalém, mas que esperassem a promessa do Pai, a qual, disse ele, de mim ouvistes.* Atos 1:4

Não se ausentem de Jerusalém! Jesus determinou que eles não se ausentassem de Jerusalém para esperar o cumprimento da promessa. Deus colocou você na exata posição para que se manifeste o cumprimento das suas promessas. O que há em Jerusalém? v. 6 — *À meia-noite se ouviu este grito: "O noivo está chegando! Venham se encontrar com ele!"* Eis o noivo, se levante e ascenda a sua lâmpada.

Perguntas e Tarefas

- Qual é o valor da Palavra para você?
- O que está faltando para ser praticado na sua vida?
- As falhas e as críticas que você porventura faz a outros ministérios ou pessoas não são apenas uma projeção de suas próprias dificuldades?
- Normalmente você nega as suas fraquezas sempre que se depara com ela?
- Quais muros você costuma levantar? A autodefesa, das desculpas e/ou da ocultação.
- Se for sim, agora é o momento de abandonar este hábito.
- Para manter os princípios do louvor e da adoração, quais medidas devem ser tomadas?

O PRINCÍPIO DE SER RADICAL COM O PASSADO

Eu quero desafiar você a não se conformar em menos do que o melhor de Deus. A não se conformar em viver aquém do privilégio daquilo que Deus promete. E a regra numero "1" para isso é ser RADICAL! É preciso ser radical com o pecado quanto se é muitas vezes quando se diz sem reservas "não" para algumas coisas que Deus pede. Veja uma ilustração que ouvi. Havia um homem que voltou para a sua vila e encontrou sua cassa totalmente queimada por um exército, e encontrou ossos. Olhando para eles, concluiu que seriam os de seu filhinho. Recolheu os ossos numa caixa, e passou a viver convicto que seu filho estava morto. Aquela caixa era a constante lembrança da sua dor e sua tristeza. Ele sabia que jamais seria feliz novamente. Alguns anos mais tarde alguém bateu em sua porta e se dizia ser seu filho. Ele disse que os homens que queimaram a sua vila o levaram vivo. E quando a guerra terminou, ele passou a procurar o seu pai. Finalmente estavam lá face a face. Mas o pai se recusava em receber aquele homem como seu filho, pois a prova era a caixinha com os ossos. Então o pai despediu aquele rapaz fechando a porta atrás dele. Ele se recusou simplesmente porque ele tinha edificado um monumento ao passado.

Não é triste quando alguém se agarra ao passado? Isso cega essa pessoa, as possibilidades de viver e as bênçãos de hoje. Se desejar ter uma vida grande de louvor e adoração, o princípio de ser totalmente radical com o tesouro que Deus colocou em nossas mãos deve ocupar o centro de nossa motivação. E isso tem acontecido com muitas pessoas nas igrejas, ou talvez com você. Hoje eu quero abrir um segredo para você se libertar de qualquer monumento que construiu no passado. Não importa a caixa que você está carregando. É um segredo que vai mover você para uma nova perspectiva, para aguardar o que Deus tem para você. E esse segredo se aprende em uma oração de um homem obscuro no AT. Seu nome era Jabes. Você já ouviu alguma pregação sobre ele ou leu algum livro? Não tem problema! Deus tem algo novo para você aqui. E isso está lá no meio da Bíblia. Está no meio de um monte de nomes, e no meio da genealogia o escritor para, e como se diz, preciso falar um pouco sobre esse nome. Ler o texto. *Houve um homem chamado Jabes, que foi a pessoa mais respeitada da sua família. A sua mãe pôs nele o nome de Jabes porque ela havia sofrido muito durante o parto. Mas Jabes orou assim ao Deus de Israel: "Ó Deus, abençoa-me e dá-me muitas terras. Fica comigo e livra-me de qualquer coisa que possa me causar dor."* E Deus atendeu a sua oração. 1 Crônicas 4.9-10 – LH

O nome dele você pode até procurar em outro lugar e você não vai encontrar. Isso é tudo o que se ouve de Jabes. Seu nome está aqui escondido. Ele me ensina nesta oração algumas chaves que vai destrancar verdades profundas para nossa vida. Declare assim: – Senhor, ensina-me segredos especiais!

Nesta pequena oração, Ele me ensina que não se deve ficar preso ao passado. O passado não determina o futuro nem o destino. Já pensou se você tivesse um nome de "dor" ou aquele que causa "dor". A interpretação é que sua mãe estava atravessando um momento de muita dor. Já pensou você na escola e alguém pergunta pra você onde estava sua mãe com a cabeça quando lhe deu esse nome? Você precisa entender que no tempo bíblico um nome era a profecia para o futuro daquela pessoa. Na prática, a pessoa vivia a altura do seu significado. A expectativa para a vida de Jabes não era nada boa. Mas ele um dia "decidiu" que não ficaria acorrentado ao seu passado, a um rótulo que tinham lhe dado. E você esta carregando rótulos do passado? Você está acorrentado a ações, memórias, coisas que aconteceram no passado a rótulos que lhe deram. Essas coisas estão determinando o seu destino. E você não se permite quebrar essas correntes, jogar fora, libertar-se delas. E a forma que você está lidando com o erro do passado, é viver se condenando e culpando. Regularmente você se lembra e se conforma que a bênção de Deus não é para você. Eu já pensei nisso. Você sabe que seu coração pede algo diferente, mas aquela caixinha está lá. Você se lembra das palavras, da privação, da fome, das surras, da humilhação. Você se lembra de cada uma delas. Se lhe derem um papel em branco, você pode escrever cada uma delas. As lembranças estão aí e quando aparece alguma oportunidade, você deseja agarrar, mas o passado o amarra. Vive como se Deus não pudesse quebrar essas correntes.

Para ser guardião do louvor e da adoração, é necessário saber claramente como conquistar as bênçãos especiais de Deus.

Um dia eu estava também muito preso ao passado e ouvindo uma pregação sobre este tema pude recuperar o espírito de liberdade e louvor. E a ilustração que vou contar é muito elucidativa em relação a essas correntes invisíveis que prendem.

Um carteiro novo em uma região estava ali em seu primeiro dia de trabalho. Entregou várias cartas naquela rua e quase terminando o seu trajeto entrou num terreno aberto cuja casa estava ao fundo. O carteiro entrou conferindo o número da casa com o número da correspondência, quando viu na porta da casa um senhor sentado. Não conhecendo as residências daquela rua, não levou em conta a casinha de cachorro ao lado da porta da casa. Repentinamente saiu dentro dessa casinha um cachorro, que mais parecia com o Taz, o "diabo-da-tasmânia", como um redemoinho feroz, rápido, e barulhento. O carteiro ficou estático e seu semblante de pavor era uma caricatura do susto. Aquele cachorro enorme veio como um raio e de repente deu um salto e caiu para trás. Com um latido engasgado e preso, ficou a um metro do carteiro rosnando, mas parado. Parecia que havia uma fronteira entre o carteiro e o cão. Latiu três vezes e voltou para a casinha.

O carteiro olhou assombrado para aquele senhor sentado sem saber o que acontecia e correu de volta para a rua. Mais calmo e arrumando o malote de cartas no ombro, perguntou o que aconteceu com o cachorro. O dono da casa se levantou e disse: "É que eu tirei a coleira dele ontem e ele ainda pensa que está com ela."

Assim como esse cachorro agimos nós, mesmo libertos pensamos que estamos presos. Apesar de livres e curados ainda é comum sentir as algemas e os sintomas da enfermidade.

O primeiro pedido de Jabes era: – "Deus, me abençoa!"

Deus quer lhe abençoar apesar do seu passado. Ele responde à oração quando é feita de acordo com a sua vontade. Ele abençoou a vida de Jabes e vai abençoar a sua. Jesus ensinou a orar dizendo: "Dá-nos o pão de cada dia." Isso é tudo que se precisa. Pão é tudo. O que se necessita são bênçãos físicas, materiais, emocionais é tudo de que se precisa.

Quem gostaria de viver mais abençoado por Deus? Você não disse amém? Por favor, Deus, a bênção dele dá pra mim.

Existe algo radical em sua oração. Você está aqui para pedir algo radical para Deus. Que Ele derrame sua graça sobre-natural. Peça aquilo que por si mesmo não se pode conseguir. Permanecer nos princípios e outras coisas. Peça que os ministérios sejam marcados por amor. Que os louvores possam ser muito mais que lindas canções. Eu desejo que se possa conquistar as bênçãos para louvor e adoração pessoal, e o ministério ao qual se está ligado receba as bênçãos especiais por meio da fidelidade dos princípios declarados na palavra de Deus, a fim de que todos sejam tudo o que Deus tem desejado que sejamos. Deus tem em seu tesouro todos os presentes que de que se precisa.

Pedido 1. *"Ó Deus, abençoa-me."*

Há vários tipos de bênçãos mencionadas na Bíblia. *Deus faz nascer o sol para justos e injustos.* Mt 5.45. Existem bênçãos que Deus dá independentemente de você ser crente ou não. A vida, o sol, a comida, a casa, a roupa, a família etc. São bênçãos que vão estar presentes na sua vida, seja você seguidor ou não de Jesus. Mas existe outra bênção que é chamada de "bênção especial". Elas serão suas somente se você colocar a sua fé e confiança em Jesus Cristo. Se você não colocou sua fé em Jesus Cristo, você esta vivendo muito aquém do seu privilégio. *Bendito o Deus e Pai de nosso Senhor Jesus Cristo, o qual nos abençoou com todas as bênçãos espirituais nos lugares celestiais em Cristo.* Ef.1.3. Essa bênção inclui a salvação, o perdão do pecado a quebra das correntes na sua vida, a graça, o Espírito Santo. Essas são as bênçãos especiais que são doadas para aqueles que colocam a sua confiança em Deus. No momento que você se torna filho de Deus, espiritualmente falando, você tem outra categoria de bênçãos. Por isso que Ele quer você desenvolva fé nEle, e que você busque as bênçãos dEle.

Um homem chamado Ricardo chegou ao céu e, andando pelas ruas de ouro, viu um prédio enorme, um depósito. Ele perguntou ao anjo se podia entrar e ver o que havia lá dentro. O anjo disse que não era uma boa ideia. Ele insistiu. Lá dentro ele viu milhares de prateleiras com milhares de caixas embrulhadas com um papel branco e com uma fita vermelha. O depósito era imenso, os presentes estavam em repartições em ordem alfabética. Ricardo perguntou se havia uma caixinha com o seu nome.

– Sim! Disse o anjo.

– Mas eu desaconselho você olhar dentro dela.

Ele insistiu, o anjo autorizou, ele correu na letra "R" e achou uma caixa com o seu nome. Quando ele abriu deu um grito muito alto. O Anjo já tinha ouvido muitos gritos daqueles. Dentro da caixa com o nome do Sr. Ricardo estavam todas as bênçãos que Deus queria ter lhe dado, mas ele nunca pediu.

Deus quer dar muitas bênçãos, mas Ele só dará se você pedir. Por isso que Jesus disse em Mateus 7.7.

Pedi, e dar-se-vos-á; buscai e achareis; batei, e abrir-se-vos-á. Isto é. Peçam e continuem pedindo, não desistam. V.8 *Pois todo o que pede recebe; o que busca encontra; e, a quem bate, abrir-se-lhe-á.* Deus está tentando desenvolver a fé. E eu, como Jabes, não quero deixar passar nenhuma dessas bênçãos. Tiago 4.2. *Cobiçais, e nada tendes; matais, e sois invejosos, e nada podeis alcançar; combateis e guerreais, e nada tendes, porque não pedis.* Você não tem porque não pede a Deus. Eu quero desafiar você a não deixar nenhum dia de pedir as bênçãos de Deus. Ele é um Deus de amor, Ele ama você e Ele tem prazer em abençoar seus filhos, Ele é riquíssimo! Não deixe o passado lhe dizer o que fazer!

Pedido 2. "*... Aumenta as minhas terras!*"

Ele estava pedindo por mais responsabilidade, oportunidade, mais influência, ele queria que sua vida deixasse uma marca para Deus aqui na Terra. No AT, a pessoa que recebia uma porção de terra representava o tamanho da influência, oportunidade que aquele indivíduo teria. Quando olhou para sua circunstância, ele orou: *Amplia o meu território*. Ele sabia que Deus podia fazer mais na sua vida. Nesse segundo pedido, Deus mostra que a influência de cada um é para a glória dEle. Ele quer que sua vida produza muita Glória para o nome dEle. Mas, antes de pedir, faça uma avaliação se Deus recebeu a glória por meio do que Ele já lhe deu. Não é errado você pedir que Deus amplie seus negócios, mas ele já está recebendo a glória que Ele merece por aquilo que Ele já deu pra você? Você está usando no máximo o potencial daquilo que Ele já colocou em suas mãos? Por isso o pedido radical é confiar que Deus decida o que eu devo receber, e quando receber. Você deve continuar pedindo, mas não se revoltar contra Deus se Ele não der o que pediu. Eu peço como pastor que Deus aumente minha influência para abençoar as pessoas. Aumente o território da igreja etc. Ele olha para mim e quer saber se estou fazendo o melhor com aquilo que já me deu. Ele vai decidir se sou capaz de aumentar ou não.

Pedido 3. "*... Que seja comigo a tua mão*"

Não depende de mim, mas das mãos poderosas de Deus. Um dia, muito chateado, eu lavava o meu carro na minha garagem. Em minha mente, dezenas de questionamentos e insatisfação que me davam um nó na garganta. Minha tristeza não era justificável, eu sempre digo para meus filhos que se eles querem ver pessoas com problemas é só ir à porta do hospital da cidade.

Desespero, injustiça social, descaso, indignação e muitas pessoas doentes e familiares desesperados. Mas eu estava lá, com meus verdugos, que eu mesmo permiti que viessem me alfinetar. Contudo, Deus sabe como acabar com a cogitação e choramingo. E o Senhor escolheu uma forma extraordinariamente gentil. Ainda bem que Ele não fez por outro modo. O telefone tocou (Oh Senhor, faça este telefone tocar!) e distraidamente atendi. A voz do outro lado não era muito conhecida, não identifiquei prontamente. A pessoa disse:

— Pastor Ricardo, sabe quem é? — respondi que não, e ela se apresentou. Surpreso com o telefonema, ouvi suas próximas palavras. — Estou no trabalho ouvindo o seu CD, e a canção *"Quando estou na tua presença"* ministrou minha vida e o Senhor mandou que eu lesse para você Jó 42:2.

Não creio que preciso falar mais nada, somente que desliguei o telefone radiante, talvez um pouco menos que o rosto de Moisés quando desceu do monte após ouvir a voz de Deus. Por isso eu preciso decidir, e você comigo, que não se pode querer viver baseado no que os esforços podem produzir. Só Deus pode fazer com que seus esforços produzam algo substancial.

Pedido 4. " ... Me guarda do mal."

Deus, não permita que eu danifique e prejudique a mim e outras pessoas. É sabido que o pecado traz dor, mas se insistir em ficar com ele é subestimar seu poder de destruição. O pecado não só traz dor para você, mas para todos aqueles que dependem de você. Em 1 João 3:21-22 está escrito: *Amados, se o nosso coração nos não condena, temos confiança para com Deus; e qualquer coisa que lhe pedirmos, dele a receberemos, porque obedecemos os seus mandamentos e fazemos o que é agradável à sua vista.*

Quando se "anda" com confiança nas promessas de Deus e em santidade isso confere "poder" na sua vida. E eu não posso deixar de contar a ilustração de um menino que, como tantos outros, não consegue ficar sem pedir nada quando está com seus pais em um supermercado. Antes de chegar ao supermercado, a mãe advertiu este menino:

— Nem adianta pedir que eu não vou comprar sua bolacha de chocolate, não tenho dinheiro!

Ele ouviu da mãe que não sairia daquele mercado com suas bolachas de chocolate. O menino tentou ficar quieto, mas parecia que a bolacha de chocolate o convidava a pegá-la na prateleira. Depois de muita cara feia, a mãe chega à fila da caixa. O menino não aguenta mais, pois parecia que tinha um bolo na sua garganta, sua boca salivava, ele viu que já estava para passar no caixa e a oportunidade de ter sua bolacha de chocolate iria passar. Ele ficou em pé no carrinho e deu um grito:

— Eu quero bolacha de chocolate!

Todos nas filas olharam e riram daquela situação e qual foi o resultado que algumas pessoas colocaram pacotes de bolacha de chocolate no carrinho daquela mãe. Tudo bem que ela passou uma grande vergonha, mas o menino conquistou a sua bolacha de chocolate.

É isso que eu quero que você entenda hoje. Você tem memórias em sua mente, e são vozes que falam para você como aquela mãe: você não vai ter nenhuma bolacha de chocolate. E vozes que dizem:

— As bênçãos não são para você.

Quando você anda em "poder", "confiante" diante de Deus, Ele o leva a um lugar onde você sabe quem você é nEle. Fique de pé, firme, como Jabes. E diga:

— Em nome de Jesus, eu não vou deixar mais que o meu passado defina o meu futuro. Não vou mais deixar as vozes do mundo me convencer que eu não tenho as bênçãos de Deus.

Pratique os princípios de forma radical e defina o seu alvo baseado nesses princípios. O passado deverá ser tratado e deixado para traz, como o apóstolo Paulo orientou. Deixe alguns fatos a distância, isto é, para trás e avance para o alvo.

A ESTACA DA ADORAÇÃO EM NOSSO NOVO RAMO

Uma vez que Deus o instituiu como filho, representante, Ele deseja que seu ramo seja o mais forte e puro possível. Deus está interessado em cada um como indivíduo. Por intermédio de Jesus, Deus nos alcançou como indivíduos e morreu por nós como indivíduos. Ele também está interessado em nós como elos de uma cadeia muito importante. Ele conhece o poder da herança que é passada de geração a geração e como é fácil a mensagem da salvação ser passada aos filhos desde que seja um lar consagrado.

E, partindo dali, encontrou a Jonadabe, filho de Recabe, que lhe vinha ao encontro, o qual saudou e lhe disse: Reto é o teu coração para comigo, como o meu o é para contigo? E disse Jonadabe: É. Então, se é, dá-me a mão. E deu-lhe a mão, e Jeú fê-lo subir consigo ao carro. II Reis 10:15.

O personagem que quero ressaltar é Jonadabe. Uma figura pouco pregada nos púlpitos, relativamente obscura na Bíblia, mas que se revela um exemplo de valor prodigioso.

Esta é a primeira vez que se vê, e ele está percorrendo as ruas de Samaria, quando Jeú, que estava numa missão dada pelo profeta Elias, chama para subir ao carro militar. Jeú estava correndo de um lado para outro exterminando os 70 filhos de

Acabe e destruindo todo e qualquer vestígio de adoração a Baal que ele via pela frente. Ele encontrou Jonadabe, filho de Recabe, e o convidou para subir em seu carro militar com o objetivo de mostrar seu zelo pela obra do Senhor. Jonadabe era conhecido por todos como um homem de Deus que era contrário ao culto a Baal a qualquer coisa contrária a Deus. Jonadabe só volta a ser mencionado no livro de Jeremias.

Porém eles disseram: *Não beberemos vinho, porque Jonadabe, filho de Recabe, nosso pai, nos ordenou, dizendo: Nunca jamais bebereis vinho, nem vós nem vossos filhos; Obedecemos, pois, à voz de Jonadabe, filho de Recabe, nosso pai, em tudo quanto nos ordenou; de maneira que não bebemos vinho em todos os nossos dias, nem nós, nem nossas mulheres, nem nossos filhos, nem nossas filhas*; Jeremias 35.6,8

Mais uma vez o povo havia se desviado e estava ignorando as coisas de Deus. Deus então usa ramos santificados para ensinar verdades espirituais, valores que deveriam ser perseguidos. Quando foi a última vez que Deus pôde usar você como um ramo santificado para ensinar, ganhar ou edificar vidas?

As palavras de Jonadabe, filho de Recabe, que ordenou a seus filhos que não bebessem vinho, foram guardadas; pois não beberam até este dia, antes obedeceram ao mandamento de seu pai; a mim, porém, que vos tenho falado, madrugando e falando, não me ouvistes. Assim diz o Senhor dos Exércitos, o Deus de Israel: Vai, e dize aos homens de Judá e aos moradores de Jerusalém: Porventura nunca aceitareis instrução, para ouvirdes as minhas palavras? diz o Senhor. Jeremias 35.12-14.

O termo "filhos" refere-se também a todos os discípulos e inclui igualmente os descendentes. Você sabe quanto tempo havia se passado desde que Jonadabe havia dado o seu exemplo? Duzentos anos! A obra purificadora que ele começou em sua árvore genealógica teve um impacto tão grande que foi sentido quinze gerações depois. E você? Até onde tem chegado o impacto da sua vida? O impacto se limita a alguns minutos depois da ministração de quarta-feira? Um dia, uma semana? Só dentro da igreja? Onde está o efeito residual do contato que você teve com Deus? Em que nível está a santidade na tua vida?

A sua árvore genealógica pode estar cheia de pecado. Em seus ramos você pode encontrar (identifique) adultério, pornografia, incesto, abuso, maus-tratos físicos, inúmeros exemplos de ódio, discórdia, inveja, ataques de raiva, ambições egoístas, bebedeiras, bancarrota, falência, avareza e coisas do gênero. Eu chamo de "seiva maldita". Algumas dessas características podem estar arraigadas em você!

Todo homem, mulher, jovem ou ancião chega num ponto em que deve decidir: vou purificar o meu ramo da árvore genealógica ou vou permitir que esse veneno se infiltre na minha geração futura. Você vai decidir fazer a coisa certa ou deixar para outro homem ou mulher mais adiante? Então purifique o seu ramo! O processo de purificação do seu ramo da árvore genealógica começa com a interrupção do fluxo de veneno de gerações passadas. Você deve fincar uma estaca do chão e declarar diante de Deus que você levará sua família a segui-lo. Com isso, você cria para sempre a geração de transição em sua herança familiar, você conduz sua família de um padrão de destruição para uma vida constante na presença de Deus.

Nas gerações futuras, as pessoas olharão para sua árvore genealógica e verão que, depois que seu ramo brotou a família nunca mais foi a mesma. Não é fácil ir contra as tendências das gerações passadas, lutar com as forças espirituais malignas que foram convidadas a participar da história e do desenvolvimento da árvore genealógica. Você quer que seu ramo seja diferente? Finque as estacas como um marco do seu desejo e da sua decisão.

Primeira estaca — remissão

Se você identifica algo que sua geração passada fez, e que seja maldição, simplesmente peça perdão a Deus! Por exemplo: Deus perdoa meus pais porque quebraram os votos do casamento. Eu não quero isso no meu ramo. Deus perdoa minha família pelos negócios desonestos.

A orientação do Espírito Santo a você é que simplesmente peça perdão. Não vá se transformar num "arqueólogo de fósseis pecaminosos". Está escrito em Filipenses 3:13: *"Irmãos, quanto a mim, não julgo havê-lo alcançado; mas uma coisa faço: esquecendo-me das coisas que para trás ficam e avançando para as que diante de mim estão."*

Segunda estaca — fidelidade

Este é o ponto mais vulnerável de todo o relacionamento. Quando se quebra uma aliança, perde-se tudo o que se conquistou no tempo. Eu faço uma aliança para sempre!

Terceira estaca — leis de Deus

As Leis de Deus não são para privar você das bênçãos da vida; mas para guardar você da destruição!

Aprender e guardar.

Quarta estaca — adoração

Esta é a mais difícil de todas, pois significa renunciar a própria vida para agradar a Deus. Quando Deus pediu para Abraão seu filho tudo estava em jogo, "a remissão, a fidelidade, as Leis de Deus".

Adoração é um padrão alto e custoso para se viver, quando parece difícil demais, simplesmente costura-se remendos para criar algo novo, algo cômodo, algo medíocre. Apesar da comodidade, continua-se prisioneiro do pecado, e a consciência se turva até não se discernir o que é certo e o que é errado. Fincar a estaca no chão e assumir o compromisso de viver nos parâmetros divinos de adoração detêm o fluxo do veneno antigo em cada novo ramo.

Perguntas e Tarefas

- Você já notou algo diferente bom ou ruim depois de ter contato com algo do passado, lugares, familiares não crentes? Já observou desentendimentos, esfriamento da fé, inconstância no congregar, degradação ministerial ou brigas por coisas pequenas?

- Você já cortou a ligação com algo do passado que o faz sentir-se incapaz, triste ou envergonhado?

- Existe algo que você desistiu de pedir a Deus? Qual o motivo?

- Por que você deveria, sinceramente, continuar a pedir?

- Há algum pecado na sua árvore genealógica que influencia a sua vida negativamente?

- Como poderá cortar a seiva maldita?

- Como você poderá manter-se desligado dessa seiva maldita?

- Quais estacas, segundo a sugestão do livro, você poderá praticar? Existem outras? Comente.

- Escreva como isso afetará diretamente a sua vida.

O PRINCÍPIO DO TEMA

Em Apocalipse 4:8-11, há a revelação do mundo espiritual ao apóstolo, e a primeira visão do céu é revelada: o mistério de louvor e adoração incessantes. Eles não descansavam, em tempo algum, não era um mantra. O mistério é que Deus não muda! Os quatro seres celestiais estão adorando agora! E quando adoram, a porta do céu se abre e o trono de Deus desce entre nós. Os seres estão dizendo Santo... Todo Poderoso... Nunca se deve sentar para adorar ou pelo menos deve-se evitar. Ao sentar-se, Jesus vem para nos servir, ministrar e curar. Ou em pé ou prostrados.

Nessa mesma revelação, não há vários céus, mas "um" único lugar onde está o trono de Deus.

Não me pergunte como eu não sei e não creio que nenhum mortal saiba como o trono de Deus se manifesta espiritualmente entre nós. A Bíblia diz que Deus ri quando O adoramos. Deus sente o nosso amor por Ele, e o Senhor se sente amado e desejado e isso O faz sorrir.

A adoração atrai Deus. É uma isca. Quando se quer sua presença, e a sua comitiva, deve-se levantar um louvor. O mistério continua. Os 24 anciãos prostraram-se e lançaram suas coroas. Que visão maluca! Eles foram escolhidos para serem testemunhas da criação, do juízo e da eternidade, e mesmo com essa credencial, eles não se sentem dignos de estarem ali, e lançam o símbolo de seus destinos!

A revelação segue dando mais detalhes em Apocalipse 5:8, quando Jesus é reconhecido como o Cordeiro de Deus... Muitos anjos, milhões e milhões, milhares e milhares cantam... Digno é... A adoração não para! Toda criatura espiritual e material tem voz. Não me pergunte como, mas elas glorificam ao Cordeiro com louvores!

Isso inclui os demônios também gritando atormentados: Jesus é o Filho de Deus!

O mistério da adoração passa pelos mártires adorando na eternidade em Apocalipse 7:9-17. Tanto Davi como os anjos bebiam da mesma fonte para compor seus cânticos: As misericórdias do Senhor!

Em Apocalipse 15:3 fala sobre o intercâmbio de cânticos que existe entre nós e o mundo espiritual. Os remidos estão lá cantando uma canção que não foi criada no céu, mas aqui na Terra. É uma música que Moisés cantarolou. Talvez numa tarde em cima de uma colina vislumbrando o Tabernáculo e a nuvem sobre dele.

Não se espante se eu disser que um cântico gerado pelo Espírito Santo em você aqui na Terra estará na lista do louvor que se cantará na eternidade.

Talvez o tema da sua vida seja:
- Por que isso está acontecendo comigo?
- Eu só trabalho.
- Não vejo saída.
- Onde está Deus que não vê meu sofrimento?

- Eu sou uma pessoa crítica e cética!
- Eu não tenho tempo para ir aos cultos!
- Eu parei meu discipulado porque não vejo o que isso acrescentará para minha vida!
- Eu administraria a igreja diferente e com certeza melhor!
- Não vou dar meu dízimo este mês nem no mês que vem, já que faz três meses que não dizimo!

Qual tem sido o tema da minha vida? Talvez porque o Deus que você crê não seja o de Davi (Misericórdia) ou o dos seres (Santo) ou dos anciãos (Digno) ou dos anjos (milhares deles, iguais em pé ao lado do trono).

Resolva isso para que você comece a experimentar o refrigério da presença de Deus.

Perspectiva de Deus para nossa fonte

Deus não espera que sejamos infiéis em nossas fontes. E um bom começo é declarar a dependência em tudo. Se alguém sugere conhecer os caminhos de Deus, há este versículo que afirma. *Porque, assim como os céus são mais altos do que a terra, assim são os meus caminhos mais altos do que os vossos caminhos, e os meus pensamentos, mais altos do que os vossos pensamentos. Isaias 55.9.*

Esse texto desmonta qualquer tentativa de orgulho. Pode parecer que para servir a Deus é preciso ser forte e indestrutível, supercrentes. Ou Deus quer usar somente seus valores e pontos fortes. Ser forte é um ensinamento bíblico. Provérbios 24:10 diz: *Se te mostras fraco no dia da angustia, quão pequena é a tua força.*

Sim, é preciso ser forte, e Deus usa os pontos fortes, mas estranhamente e curiosamente deseja usar as fraquezas para sua glória. *Mas Deus escolheu as coisas loucas deste mundo para confundir as sábias; e Deus escolheu as coisas fracas deste mundo para confundir as fortes.* 1 Coríntios 1:27.

Realmente você se encaixa perfeitamente neste texto. Agora, veja esta surpreendente observação no Salmo 87: *E os cantores e tocadores de instrumentos entoarão: Todas as minhas fontes estão em ti.* As misericórdias do Senhor sempre foram os temas dos cânticos de Davi. Misericórdia é tudo aquilo que se tem em nossa existência.

— Você existe? Misericórdia de Deus.

Vida, filhos, trabalho, esperança, família, pernas perfeitas... E não se consegue manter em pé perante o Deus de toda a misericórdia no louvor! Às vezes, doentes, porque quando "sãos" não se esforça o suficiente para estar digna e constantemente na presença do Senhor. Às vezes, acredita-se que é preciso dinheiro, roupas, mais clientes na empresa ou saúde. Na realidade **o que falta é Deus na nossa vida!** A vida de Deus em você! *Disse-vos estas coisas para que em mim tenhais paz. No mundo tereis aflições. Mas tende bom ânimo! Eu venci o mundo!* João 16:38

O maior livro da Bíblia e que tem a maior lista de convites e palavras imperativas também se resume assim no último capítulo!

"Tudo quanto têm fôlego louve ao Senhor. Louvai ao Senhor." Salmo 150:6.

O desejo é que a infidelidade em relação a nossas fontes seja completamente devastada e arrancada de pensamentos e atitudes. Deus espera uma conclusão firme de coração e mente, pois não porque Deus permanece fiel que eu posso cogitar em ser infiel com Deus. Essa é a perspectiva de Deus para a infidelidade. Deus quer uma reflexão global de tudo o que ele coloca em sua vida, apesar de não merecer. A fim de que louvor e adoração sejam fiéis à missão, à função, aos objetivos e a todas as demais nuances que eles provocam, tanto no mundo natural quanto no espiritual.

OPTANDO PELA PUREZA

Rogo-vos, pois, irmãos, pelas misericórdias de Deus, que apresenteis o vosso corpo por sacrifício vivo, santo e agradável a Deus, que é o vosso culto racional. E não vos conformeis com este século, mas transformai-vos pela renovação da vossa mente, para que experimenteis qual seja a boa, agradável e perfeita vontade de Deus. Romanos 12.1-2.

Havia uma loja aqui na Praia Grande, em São Paulo, que se chamava *Com que roupa?*

Quando se sai para igreja, *shopping*, ou reunião de negócios, planeja-se com que roupa? A maior preocupação é cobrir uma falha física ou de personalidade ou caráter que se tem e que pode prejudicar a imagem que se quer passar. O homem é como um camaleão que se adapta ao seu meio. Existem dois modelos que ele imita.

Primeiro **O modelo do "mundo".**
Segundo **O modelo da "vontade de Deus".**

Por isso que Paulo roga (do grego, *Parakaleo*), chama para o seu lado e convoca a apresentarmos os nossos corpos à (do grego, *Paristemi*) disposição de Deus.

Vive-se entre o já e o ainda não, e no capítulo 12 a ideia é de que Paulo se baseia nas misericórdias de Deus. Agora seu apelo é escatológico, e ele segue se baseando na volta de Jesus

Cristo. Romanos 13.11-14. *E isto digo, conhecendo o tempo, que é já hora de despertarmos do sono; porque a nossa salvação está, agora, mais perto de nós do que quando aceitamos a fé. A noite é passada, e o dia é chegado. Rejeitemos, pois, as obras das trevas e vistamo-nos das armas da luz. Andemos honestamente, como de dia, não em glutonarias, nem em bebedeiras, nem em desonestidades, nem em dissoluções, nem em contendas e inveja. Mas revesti-vos do Senhor Jesus Cristo e não tenhais cuidado da carne em suas concupiscências.*

Uma da marcas da nossa sociedade tecnológica é que todos são escravos do tempo. Você pode agora, ao ler este livro, ficar preocupado com o tempo. Controla-se cuidadosamente o passar do tempo, pois se depende dele. E Paulo usa a noção do tempo para expressar esse tempo que é entre o já e ainda não. Você conhece o tempo de Deus? Conhece-se o dos homens. Quanto tempo já se viveu e quanto ainda se viverá?

No Velho Testamento, os profetas costumavam dizer que o tempo de Deus é dividido em duas partes.

Primeiro O tempo presente. Este mundo. Segundo O tempo de Deus. Uma era vindoura caracterizada pela chegada do Reino dos Céus. E esse "Reino dos Céus", "tempo de Deus", chegou com o nascimento de Jesus. Pelas contas, há 2.000 anos atrás. Esse tempo deu início e foi marcado pelo nascimento, sua vida, a proclamação do Reino, a obra e o derramamento do Espírito Santo. Tudo está descrito no Evangelho. No tempo de Deus, isso já aconteceu, já foi.

O que falta agora? Pelo relógio de Deus, só falta a segunda vinda de Cristo. Paulo diz que não se pode continuar a viver neste mundo sem saber sobre o tempo de Deus. Paulo quer que se tenha uma noção escatológica que o que tinha para acontecer, 99% já aconteceu. Não existe nenhum outro grande acontecimento a não ser a volta de Cristo.

V.11. *E isto digo, conhecendo o tempo, que é já hora de despertarmos do sono; porque a nossa salvação está, agora, mais perto de nós do que quando aceitamos a fé.*

Paulo apresenta três referências sobre o tempo de Deus.

A primeira é que o Espírito Santo está falando que não dá mais para ficar no aconchego, rolando na cama... Despertar para ação. Como cristãos não se pode mais ficar dormindo e pensando:

- Ah! Alguém vai fazer por mim... O pastor que corra atrás. Meu líder é que tem que vir atrás de mim...

A segunda referência está no v.11b ... *porque a nossa salvação está, agora, mais perto de nós do que quando aceitamos a fé.* Jesus já pagou o preço. Agora é me afastar do pecado. O pecado não tem mais poder sobre mim. O reino de Deus já começou. Eu sou justificado quando confesso. A salvação está mais perto do que antes porque a vinda está mais próxima que se pensa. O tempo é de santificação. Agora eu tenho uma liberdade que não tinha antes. Fui liberto da escravidão do pecado.

A terceira referência é no V.12. *A noite é passada, e o dia é chegado. Rejeitemos, pois, as obras das trevas e vistamo-nos das armas da luz.* A luz sempre acusa as trevas. A luz sempre revela o que é trevas. A luz revela aquilo que é pretensa luz, mas não é luz. No verso 12, revela que o sol está nascendo e eu preciso me preparar para o dia. O texto diz que é preciso se vestir das armas da luz. E o V.12b diz que é preciso rejeitar aquilo que acontece nas trevas. Quando se está fazendo coisas escondidas, você está em trevas.

Muitos cristãos estão se esquecendo dos princípios e buscam coisas novas para o Evangelho. Saem para a batalha, mas estão só com a salvação.

Capacete. Ef.6.13-17. Veja o texto detalhadamente. *Portanto, tomai toda a armadura de Deus, para que possais resistir no dia mau e, depois de terdes vencido tudo, permanecer inabaláveis. Estai, pois, firmes, cingindo-vos com a verdade e vestindo-vos da couraça da justiça. Calçai os pés com a preparação do evangelho da paz; embraçando sempre o escudo da fé, com o qual podereis apagar todos os dardos inflamados do Maligno. Tomai também o capacete da salvação e a espada do Espírito, que é a palavra de Deus.*

Com que roupa? Tirar o pijama e vestir a armadura. O Apóstolo Paulo passa da "vestimenta adequada" ao "comportamento adequado". *Andemos honestamente, como de dia, não em glutonarias, nem em bebedeiras, nem em desonestidades, nem em dissoluções, nem em contendas e inveja.* Romanos 13:13.

Por isso que tudo o que é pecado é a princípio praticado no escuro, escondido.

Veja o que João fala em 3.20-21. *Porque todo aquele que faz o mal aborrece a luz e não vem para a luz para que as suas obras não sejam reprovadas. Mas quem pratica a verdade vem para a luz, a fim de que as suas obras sejam manifestas, porque são feitas em Deus.*

A luz incomoda as trevas. Por isso pode ser que a sua família o critica porque você vem para a igreja. Às vezes, um irmão critica porque você é comprometido com a igreja. Nunca falam para o pastor ou na sua presença, sabe por quê? Porque isso é treva, tem que ser feito às escondidas na presença do pecado.

Com que roupa? O que ocupa a sua atenção? Há dois modelos para imitar. Do mundo e o modelo de Deus. Romanos 13:14 *Mas revesti-vos do Senhor Jesus Cristo e não fique premeditando como satisfazer os desejos da carne.*

Mente vazia oficina do diabo. Procure o que fazer! Crente que não trabalha dá muito trabalho. Não pertence mais às trevas! Conclusão. Só se pode vencer quando tiver uma clara expectativa da volta de Cristo. Viva uma vida consagrada como cristão de verdade. Quer uma Porta aberta, mas com que roupa entrará nela? Você tem se revestido de que e o que você tem premeditado? Ore: Senhor, ouça as vozes, ouça os nomes, é preciso tomar a decisão de uma vida santa. Isso vai envolver muita luta. Derrame seu coração.

A busca da fonte do amor autêntico

Amor é a palavra-chave do livro de Cantares. Cada porção da Palavra de Deus apresenta uma palavra-chave, porém, neste texto, lido há pouco, a "Busca" é a palavra que abrirá sua mente para coisas superiores. Vou usar mais uma vez o texto a seguir, agora com outro aspecto.

Noiva – *Não fiquem me olhando assim por causa da minha cor, pois foi o sol que me queimou. Meus irmãos ficaram zangados comigo e me fizeram trabalhar nas plantações de uvas. Por isso, não tive tempo de cuidar de mim mesma. Dize-me, ó amado de minha alma: onde apascentas o teu rebanho, onde o fazes repousar pelo meio-dia, para que não ande eu vagando junto ao rebanho dos outros pastores.*
Noivo – *Se não o sabes, ó tu, a mais bela das mulheres, segue pelas pisadas dos rebanhos e apascentas os teus cabritos junto a às tendas dos pastores.* Cântico dos Cânticos 1.5-8

Muitos indivíduos ocupam as suas vidas buscando algo que dê sentido e os façam felizes. Passam a maior parte do tempo estudando, trabalhando, fazendo planos e projeções para que, num futuro próximo ou longo, possam se encontrar com a satisfação ou sucesso. Pelo menos, os indivíduos normais buscam isso. A prova se dá pelo fato de que se repete na maioria dos indivíduos. Quando pequenos, nossos pais, que em alguns casos, já se situam no meio do transcurso dessa busca, colocam-nos na escola para aprendermos a ler. Depois, a frequentamos por mais alguns anos para entrar em uma boa faculdade e depois do esforço desse estudo e do desenvolvimento do trabalho, a busca continua em direção ao sustento e da recompensa financeira. Mas, não para aí. Outros desafios se apresentam nessa direção universal: o desejo de casar, a maravilhosa experiência de ser pai e outras ocorrências normais do curso da vida. Entretanto, surgem outras buscas, superiormente desesperadas das outras, como a cura de uma enfermidade e a luta pela vida de pessoas que amamos. Essa busca alcança até a altura espiritual da vida dos indivíduos comprometidos com Deus. A busca pelas coisas relacionadas com o reino de Deus, com resultados eternos e que, ainda, pelo menos nesta vida, não se pode ver, o galardão celestial que receberá você somente lá, no céu.

Nunca se busca algo que se possa fazer mal. Não intencionalmente. Não em perfeita saúde espiritual. Não alguém que valoriza acima de tudo aquilo que conquistou com Deus. Porém, se é vulnerável a uma boa propaganda enganosa. Quando, enfim, se desiste dos padrões de santidade, cede-se à oferta sufocando a voz do Espírito Santo. Se paga qualquer preço. Qualquer preço! Desde que seja compativelmente razoável ao "custo – benefício – consequência". A avaliação que se faz sobre esta questão é a de sempre valorizar o prazer transitório e carnal do pecado superior ao que se perde com Deus. Os indivíduos que buscam a felicidade sem responsabilidade, a euforia sem questionamentos e fortes emoções sem as consequências pagam muito caro. Um dia a conta chega. Sim, essa conta chega já vencida e todos são pegos desavisados e brutalmente surpreendidos, entrega-se o que se tem de melhor. Os melhores anos de sua vida. Eles vão e nem ao menos se usa para benefício ou para abençoar alguém. Isso mesmo. Sempre enganados pelos sofismas, desvaloriza-se aquilo que não custou muito. A salvação, a santidade, a coroa, a unção.

Caminhos – Em todas as viagens, em que vou dirigir o carro, procuro pesquisar qual o melhor caminho e decorar o mapa para impressionar minha esposa. Principalmente, porque sou o homem da casa e não fica bem parar no meio do caminho para pedir informações. Isso mancha a imagem. Mas, infelizmente uma vez ou outra há enganos com aquelas explicações cheias de confiança por parte de quem ensina, principalmente de taxistas. Eles conhecem bem o caminho e explicam tão rápido que não se tem coragem de pedir para explicarem uma segunda vez ou mais devagar. É mais ou menos assim;

- É fácil! O senhor vira na segunda a direita e pega a avenida, vai reto toda a vida, no final tem uma forquilha, sobe a ponte, depois conta três semáforos e vira no segundo posto porque é mão. Logo ali, você vê uma revendedora de tal marca, contorna o canteiro e pronto.

Puxa vida! Como é possível decorar isso? Mesmo com uma mente privilegiada (Que não é o meu caso) se pode confundir a explicação, segunda à direita com depois da segunda à direita. Assim você não entra na segunda mais na terceira. Pronto um desastre. Mesmo que você lembre todo o resto, nunca vai achar. Só nesta viradinha se pode gastar litros de gasolina e chegar bem atrasado ao compromisso. E o que é pior, esposa com aquela voz meiga que dá a impressão de que está falando rindo. E os filhos despejando conselhos;

– Bem! (Um pequeno silêncio e...) Você está perdido?

– Ô, pai! (Bem alto e sem pausa.) Para e pergunta de novo!

Como é horrível isso, a total desmoralização do piloto oficial da família. Logo eu, que sempre estou como volante na mão em todos os passeios da família. Você sabe do que estou falando?

Existem muito métodos, mas o princípio é único. Perguntar é muito bom, mas é bom torcer para que a resposta seja simples. Se puder ir com alguém que já conhece o lugar é bem melhor. Assim é a adoração. É mais seguro ir com alguém que tem o hábito de ir ao destino desejado. Sem rodeios, sem métodos. Simples e seguro. Este é o princípio do louvor e da adoração.

É ouvir alguém maior que você – Nessa busca, procura-se chegar ao destino e encontrar o "elemento" que traga a felicidade. É preciso confiar em alguém maior que você. Será necessário destronar o ego. Eis um bom exercício: o de aquecimento e alongamento espiritual antes de seguir essa jornada que será emocionante e surpreendente. Isso tem a ver com um provérbio judeu muito comum; "Aprenda a dizer: Não sei."

Compreendendo o coração de Deus – Cântico dos cânticos é interpretado como uma alegoria do amor do Senhor por Israel ou de Jesus por sua noiva, a Igreja. Veja bem: Este livro é a expressão do coração de Deus para com seu povo.

Naquele dia, diz o Senhor, ela me chamará: Meu marido... .v. 19. *Desposar-te-ei comigo para sempre; desposar-te-ei comigo...* Oseias. 2:16,19.

Nem todos serão salvos, mas somente os que são filhos de Deus.

Também Isaías clamava acerca de Israel: *Ainda que o número dos filhos de Israel seja como a areia do mar, o remanescente é que será salvo.* Romanos 9:27.

Somente os autênticos descendentes de Abraão desfrutarão essas promessas.

Eu não estou dizendo que a promessa de Deus tenha falhado. De fato, nem todos os israelitas fazem parte do povo de Deus. Nem todos os descendentes de Abraão são filhos de Deus. Pois Deus disse a Abraão: *"Por meio de Isaque é que você terá os descendentes que eu lhe prometi. Isso quer dizer que os que são considerados como os verdadeiros descendentes de Abraão são aqueles que nasceram como resultado da promessa de Deus, e não os que nasceram de modo natural."* Romanos. 9:6-8.

A realidade espiritual apresentada e revelada aqui é a aliança eterna entre Cristo e a sua Noiva, a Igreja. *Porque zelo por vós com zelo de Deus; visto que vos tenho preparado para vos apresentar como virgem pura a um só esposo, que é Cristo.* 2 Coríntios 11:2.

De fato não é o bronzeamento que faz a noiva responder assim, mas suas manchas disformes pareciam um defeito natural. O texto me traz profeticamente a Noiva de hoje, queimada do sol por causa da "ira humana" e tenta justificar-se por não ter cuidado da sua beleza. Sempre se justifica o fracasso em obedecer a Deus, por causa da "ira do mundo".

- Não estou disponível a servir porque não tenho tempo minha agenda está cheia da "ira dos compromissos".

- Não vim para igreja na quarta porque a "ira da chuva", a "ira do transporte", a "ira da dor de cabeça", a "ira do cansaço" etc.

- Não dizimei porque a "ira do mundo não me sobra dinheiro" por isso estou queimada isso não é um defeito natural!

- Modifiquei a minha adoração por causa da "ira da modernidade", ou a "ira da gravadora" etc.

- Aceitei a concessão de algumas coisas desonestas por conta da "ira financeira".

- Mente por causa da "ira da verdade".

A Noiva é formosa e confessa suas imperfeições os efeitos do pecado de não cuidar de si mesma. A Noiva mantém sua pureza, beleza e dignidade mediante o esforço e vontade que será recompensado nas bodas e na vida eterna de realizações.

Tenho comigo que Deus usa várias situações para falar comigo. Por exemplo, Deus pode usar a natureza, uma nota no jornal, um filme etc. E nesse princípio, penso na Noiva "Buzz Lightyear – Ao infinito e além!" É aquela que vive vagando sem submissão ao Noivo e ao pastorado, isolado em sua solidão autoprovocada. V.7. ... *para que eu não ande vagando junto a rebanhos de outros pastores.*

Os outros pastores são sofistas enganadores se parecendo com o Noivo. A Sunamita se encontra perdida, vagando debaixo do sol do meio-dia, desprotegida, se expondo mais ainda. A Noiva reconhece sua condição ao amado da sua alma, e busca o caminho de volta a beleza, a pureza, a simplicidade, dignidade e posição de Noiva de alguém comparado a dez mil (Cantares. 5:10). V.8.a. Ele não a despreza, e revela sua beleza natural. V.8.b. Ele propõe a condição de reatarem após este lapso. A condição para encontrar o amor autêntico. É repousar junto à tenda dos verdadeiros pastores. Manter-se pura, e com vestes limpas!

.

Perguntas e Tarefas

Qual a sua opinião sobre os sentimentos de Deus quando você o adora?

- Onde você busca inspiração para adorar a Deus?

- Escreva os temas de adoração que você aborda nos cânticos espontâneos que o Espírito Santo lhe dá? Você acha suficiente? Em que essa lista pode ser melhorada?

- Existe alguma falta que você esconde com atividade ministerial? As pessoas o admiram por algum talento ou dom, e isso esconde uma falha da qual você não consegue libertação?

- Você tem optado pela pureza? Qual área da sua vida falta pureza? O que vai fazer com isso de hoje em diante?

- Que tipos de amores você tem identificado na igreja? Como você qualifica ou identifica o seu amor?

- Você justifica o seu fracasso (caso aja algum) por alguma "ira" do mundo?

- Os temas sobre Deus têm despertado algo que você ainda não comentou com alguém? Alguma revelação sobre um tema novo que não foi cantado ainda?

O PRINCÍPIO DO NOVO

A simplicidade deste assunto não requer grandes explicações, Deus ordena um cântico novo e pronto. E os antigos e *flash back* que fizeram parte da história da nossa música? Devem sempre ser lembrados e conforme o Espírito Santo dirigir, é possível cantar, ministrar e viver o que a verdade implícita de cada pérola do louvor contém. Mas este "mas" sempre entra na balança! É preciso tomar cuidado para não confundir a experiência da unção com a experiência do saudosismo. É gostoso relembrar cânticos que em algum lugar do passado foram instrumentos de Deus para receber mais de Deus. Então é perigoso confundir o sentimento experimentado de unção com o sentimento vivenciado pelo saudosismo. Porque aquilo foi algo muito bom do passado, não significa que Deus vai fazer a mesma coisa hoje. Creio que não. O passado nunca se repetirá. O Espírito Santo é criativo. Deus é o Deus Criador. Ele pode sempre criar algo novo a cada instante e entregar aos seus filhos. Nenhum culto é igual ao outro. E quando se cresce com Deus, Ele entrega algo na estatura de maturidade que se desenvolve e vai aumentando cada dia mais, e é lógico à medida que se busca crescer com Deus.

Deus não quer que seus filhos fiquem cantando, cantando e repetindo... E de novo... E depois mais uma vez... Chega! Deus não quer que se cante as mesmas canções de quando se era crianças espirituais sem que se desenvolva o gosto por revelações novas, louvores novos. Quando se conhece Deus e o aceita como dono da vida algo que é chamado de novo nascimento acontece. Isso é claro na Palavra de Deus. E logo depois do nascimento, era preciso ser nutrido com um tipo específico de alimento; leitinho, papinha, sopinha e frutinha raspada. Naquela época, o entendimento era limitado. Era impossível compreender determinados assuntos, pois se era crianças e ainda não se podia alimentar da coxa do cordeiro, por enquanto. É o mesmo que dar pernil para um bebê comer! O Espírito Santo alimenta interior regenerado de acordo com o seu entendimento. E é por isso que se é alimentado de determinados tipo de louvores. À medida que se vai crescendo, Deus espera que o entendimento se desenvolva e alcance a maturidade espiritual. Evolução espiritual permite que se conheça mais de Deus. Você conhece algum texto que fala sobre prosseguir continuamente em conhecer a Deus?

Dinâmica do novo de Deus

Permitia que o Espírito Santo aumente o seu nível de maturidade e entendimento.

"Depois dessas coisas, pôs Deus Abraão à prova e lhe disse: Abraão! Este lhe respondeu: Eis-me aqui! Acrescentou Deus: Toma teu filho, teu único filho, Isaque, a quem amas, e vai-te à terra de Moriá; oferece-o ali em holocausto, sobre um dos montes, que eu te mostrarei." Gênesis 22:1-2.

A Dinâmica Espiritual do texto fala que, depois do capítulo 21, Deus começa algo na esfera e na medida da fé, isto é, espiritualmente na vida de Abraão. Eu entendo assim este texto:

"Deus começa o seu plano na vida de Abraão trazendo a vista de todos o que estava no coração de Abraão, no entanto que somente Deus podia ver. Então Deus fala assim:

— Filho eu sou o Senhor te Deus, o Deus da tua vida! O filho responde:

— Sim, confio totalmente em ti!

Mediante esta confissão Deus determina:

— Toma o teu sonho que te concedi na esfera e na medida da tua fé, o presente que te dei e que você muito esperou, e de forma prática, física e firme que escolhi; oferece-o em holocausto no meu tempo, e da forma que planejei eu te mostrarei."

A palavra Moriá significa "escolhido por Javé", o monte no lado oriental de Jerusalém sobre o qual Salomão construiu o templo. Deus "escolhe" por sua vontade e sabedoria até o local em que se vai ministrar. Deve-se buscar entendimento e não deduzir a "escolha" soberana de Deus. Muitos homens de Deus tiveram seus destinos mudados porque confiaram nas "escolhas" de Deus. A vontade de Deus é viva e dinâmica, ela não se encalha ou deixa de se mover através do tempo e dos eventos, porque os dois estão absolutamente sob o controle de Deus. Há uma palavra em nossas cogitações que Deus mais despreza: *Por que, Deus?* Sempre procura-se apresentar uma explicação teológica para definir o comportamento e o agir de Deus, principalmente quando não se compreende ou quando aquilo que se previa não aconteceu na data que se esperava ou marcada. Eu particularmente às vezes creio que Ele gostaria que todos compreendessem, e outras vezes, tenho uma leve opinião antagônica. Deus possivelmente gostaria de informar todo o seu plano, mas todos são tão limitados e não se compreende aonde Deus quer chegar seguindo aquele caminho. Pode-se também afirmar que Deus não quer passar todo o seu plano porque Ele quer que se confie no seu senso de direção. Confiança também faz parte do relacionamento com Ele. Pode-se achar estranho, e até mesmo que Deus é "enrolado". Não bastaria que Ele me desse logo todo o dinheiro que preciso, e dissesse "sim" para todos os meus pedidos? Ou ao menos sentasse comigo para discutir sobre seu nível de soberania? (Quanta presunção!) Deus pode estar com o seu humor alterado, ou querendo exibir sua divindade mudando de ideia a todo o momento a respeito de coisas críticas e urgentes? "Fui eu que coloquei a cara para bater; profetizei e não aconteceu ainda! Ou eu disse que seria liberto e ainda não foi!" Ele está camuflado em sua invisibilidade, só o que se tem é o Seu Nome! Aí começa o "mistério" de Deus que ainda é desconhecido por sermos seus filhos! – Seu Nome!

Seu Nome é suficiente — Somos crentes bem mimados, parece que fomos criados com a avó. Você conhece alguém assim? (Existem "alguns" avós que estragam os netos fazendo todas as suas vontades.)

– Quero uma bala antes de dormir! Pega lá!

– Quero um pacote de salgadinho antes do almoço! Tudo bem!

– Brinca com fogos de artifício sozinho.

– Pega todo dinheiro que precisa.

– Troca o celular quando está a fim.

– Não lava o tênis, sempre exige um novo.

– Só anda de carro.

– TV, DVD e computador no quarto.

– Quando o joguinho trava a máquina, dá um murro no teclado e diz: Odeio este lixo!

– Me dá, me dá! Tá regulando agora, é?

Não se recebeu essa criação e todos agem assim! Deus não nos cria como avós, mas como pai atencioso e presente. Ele quer que seus filhos lutem, avancem, conquistem, dominem e confiem. Que aprendam, aprendam a confiar... Seu Nome é suficiente.

A missão é nossa, mas a estratégia e a batalha é dEle – Se você soubesse cada detalhe não estragaria alguma coisa forçando uma participação maior a fim de receber mais créditos que aqueles que Deus deixaria? Aparentemente se compreende aquilo que Deus está forjando, levantando um ruído desobediente e não confiando em silêncio adorador. Como é possível compreender os detalhes e o que Ele vai fazer e principalmente o "Tempo que se chama hoje."

Nossa parte – Quando Deus passou para Moisés os detalhes da construção do Tabernáculo foi somente aquilo que ele deveria fazer.

Quando Deus disse a Josué: – *Esforça-te, seja muito corajoso, não se assuste, não deixe o desânimo paralisá-lo*! foi para deixá-lo informando daquilo que seria a sua parte.

Quando Deus disse a Josafá:

– *Coloque os músicos para cantar na guerra!* Deus não explicou de que forma aquelas músicas poderiam ferir fisicamente os exércitos inimigo!

Quando Deus disse para Davi;

– *Olha, eu quero que você escreva músicas e as cante para mim!* Deus não disse tudo o que ele tinha em mente sobre a transposição do tempo e quanto as pessoas seriam abençoadas e as melodias colocadas não poderiam se esgotar!

Quando Jesus disse algo para Pedro revela uma parte maior do plano dEle a Pedro, este não fica satisfeito com o desfecho final da história, e resolve saber os planos que Jesus tinha da vida dos outros.

— Em verdade, em verdade te digo que, quando eras mais moço, tu te cingias a ti mesmo e andavas por onde querias; quando, porém, fores velho, estenderás as mãos, e outro te cingirá e te levará para onde não queres. Disse isto para significar com que gênero de morte Pedro havia de glorificar a Deus. Depois de assim falar, acrescentou-lhe: Segue-me. Então, Pedro, voltando-se, viu que também o ia seguindo o discípulo a quem Jesus amava, o qual na ceia se reclinara sobre o peito de Jesus e perguntara: Senhor, quem é o traidor? Vendo-o, pois, Pedro perguntou a Jesus: E quanto a este? Respondeu-lhe Jesus: Se eu quero que ele permaneça até que eu venha, que te importa? Quanto a ti, segue-me.

Quando pensamos que vai, e não vai – Deus escreve certo por linhas tortas? Pois bem, esse versículo não existe! Como muitos outros conceitos sobre o comportamento divino também não passam de adequações ao modo de moldar a Deus de acordo com as circunstâncias. Alguns louvores e composições sofrem distorções e são contaminados com sutilezas e com a desculpa de ser algo novo. Veja alguns tipos de "deuses que se cria".

- O deus *"Salsicha e Escooby Doo da mistérios SA"*: Tente descobrir porque minha vida financeira não prospera. O óbvio é só achar o ladrão dos dízimos.

- O deus *"Amigo rico e bobo"*: Empresta-me que depois eu te pago!

- O deus *"Vovô"*: Faz tudo o que se quer.

- O deus *"Lata de sardinha"*: Só é colocado na mesa quando não se tem outra coisa para comer.

- O deus *"Palhaço"*: Entretenimento, que faz alguma coisa para me distrair!

Deus não escreve certo por linhas tortas, Ele é Deus, Ele endireita a linha para depois escrever, isto é, Ele cria caminho onde não há. Agora sim quando se esgotar todas as possibilidades e quando se confiar absolutamente naquilo que Ele disse, Ele materializará o que prometeu! O Novo em nossas vidas. Como está escrito: *As coisas que o olho não viu, e o ouvido não ouviu, e não subiram ao coração do homem, são as que Deus preparou para os que o amam.* I Coríntios 2:9. *O segredo do Senhor é com aqueles que o temem; e ele lhes mostrará a sua aliança. Salmos* 25:14

- Deus disse que Abrão seria pai de uma grande nação. Sua esposa disse que ele era velho.
- Deus disse para Moisés que livraria o povo, mas faraó aumentou o castigo.
- Davi foi ungido rei, mas Saul continuou no trono.
- Deus promete um messias, mas Ele morre.
- Deus prometeu a você algo que ainda não veio.

Conclusão sobre a dinâmica do novo de Deus – *Eu afirmo a vocês que isto é verdade: se um grão de trigo não for jogado na terra e não morrer, ele continuará a ser apenas um grão. Mas, se morrer, dará muito trigo.* João 12:24 (NTLH). Não pergunte o porquê, mas declare:

– *Eu confio! Eu confio! Eu confio! Eu confio que tu, Senhor, me darás uma vida nova e cânticos novos e coisas novas! Eu não preciso copiar, usurpar, desesperar, fingir, enfadar ou ficar ansioso, eu vou depender do teu Espírito Santo para tudo, eu sei que sem ti nada eu poderei fazer.*

O novo de Deus é para os Filhos

Fomos criados para o louvor e glória de Deus, que procura verdadeiros adoradores. Deus não vê o novo como prioridade. Mas ensina a sua importância. Deus condena a idolatria e ordena que a adoração seja somente a Ele. A procura pelo novo pode ser uma idolatria. Vive-se num mundo onde o homem quer desentronizar Deus. E seria fácil para o diabo usar o zelo pelas coisas de Deus contra cada um. A modernidade, a facilidade e a comodidade são veículos passíveis de serem empregados distorcidamente. Quantas vezes se deseja fazer algo novo para Deus antes do coração estar novo. É possível ser tentado por poder, dinheiro e lascívia, contudo é preciso resistir trocar o que Deus valoriza. "Amar o que Deus ama, dar valor ao que Deus dá valor e obedecer a tudo o que o Senhor mandar fazer. "Esta é a letra de uma canção minha. Tentação não é imoralidade. O termo grego no NT traduzido como teste é o mesmo para tentação. Para Deus um teste, para Satanás uma tentação e para o crente uma provação.

Mas os levitas que se apartaram para longe de mim, quando Israel andava errado; os quais andavam transviados, desviados de mim, para irem atrás dos seus ídolos, levarão sobre si a sua iniquidade. Ezequiel 44:10

Ezequiel mostra três tipos de adoração.

Primeiro – Adoração Rejeitada – Ezequiel 44.4-9. Estrangeiro é o não hebreu.

v.9 O estrangeiro é o homem natural sem Cristo.

Ele traz seus costumes para presença de Deus.

Não sabem como devem adorar, precisam de ensinamento.

Segundo – Adoração Falsa – Ezequiel. 44.10. Levita aqui é o crente nominal.

Canta, toca bem, sempre tem novidade, tem camisa de levita, mas, Jesus não está no seu coração. Mateus 7.21-23 *Nem todo o que me diz: Senhor, Senhor! entrará no reino dos céus, mas aquele que faz a vontade de meu Pai, que está nos céus. Muitos, naquele dia, hão de dizer-me: Senhor, Senhor! Porventura, não temos nós profetizado em teu nome, e em teu nome não expelimos demônios, e em teu nome não fizemos muitos milagres? Então, lhes direi explicitamente: nunca vos conheci. Apartai-vos de mim, os que praticais a iniquidade.*

Estes criticam e veem erros nos outros e em tudo, mas nunca em si, pois são hipócritas, oportunistas, avarentos. Ler Atos.5.1-11.

Terceiro – Adoração Verdadeira – Ezequiel 44:15-18. Adoradores fiéis.

Ofereciam o melhor de suas almas.

Fieis à Palavra de Deus.

Gordura e sangue eram o melhor que podiam oferecer.

V. 18. Linho atos de justiça dos Santos. Isso é a força do Senhor.

Não se cingir com nada que faça transpirar isso é; na força do Senhor e não no braço de carne.

Às vezes, a compulsão de produzir e mostrar algo novo pode esconder a verdadeira motivação que é a necessidade de exibição maior do que a necessidade de adoração. A intimidade com Deus é para os Filhos. O novo de Deus é para os filhos. E somente aqueles que têm e pratica e a ordem correta das prioridades poderá oferecer algo novo e ser aceito por Deus.

Oposição ao novo

Eu me arrependi de ter criado (gerado esta geração) *o homem...* Gênesis 6:7. Deus havia se arrependido de haver feito aquela geração. Em Gênesis 7:1. Desponta algo novo: *és justo diante de mim, no meio desta geração.*

Ouça com muito cuidado! O Senhor olhou e disse: *Vou destruir está geração ímpia e corrupta diante de mim.* Deus olhou de novo para aquela geração e viu que havia algo novo, alguém justo. Um justo. E disse que não destruiria toda aquela geração, mas que iria arrebatar e levá-lo a um lugar alto. Quem? Esse justo que Deus menciona e que iria preservar na pessoa de Noé.

Mais para frente, Gênesis 18.32 – Deus olha para Abraão e diz que vai destruir toda esta geração de mulheres, jovens, crianças. Abraão virou-se para Deus e clamou:

– Deus e se houver 50, 45, 40, 30, 20 ou 10?

– Se eu encontrar dez homens desesperados e famintos por mim não vou destruir.

Mas não achou... Se Deus achasse não destruiria...

Se eu encontrar, dez apaixonados eu vou salvar esta geração. Em vez de vir o peso de juízo e de morte, ele leva a um plano mais alto. Pode-se, como dizem, colocar a carroça na frente dos bois e pensar que o novo é obrigatório, mas antes deve levar em conta o que é o novo para Deus. O novo para Deus não é a tecnologia ou a inovação antes da santidade e consagração.

O que será que aconteceria se... Deus encontrar toda uma geração que seja de acordo com seu coração? Se Deus encontrar em uma cidade dez apaixonados, Ele arrebata e mostra seus sonhos e se tiver uma geração inteira que faça a sua vontade e que seja apaixonada e santa a Ele. O que aconteceria? Se Deus encontrar homens e mulheres apaixonados por Ele o que ele pode fazer nesta geração? Deus fala sobre esta geração no Salmo 24. Geração das mãos puras. Salmos 24.4. *Aquele que é limpo de mãos e puro de coração, que não entrega a sua alma à vaidade, nem jura enganosamente.* Deus sonha com uma geração toda apaixonada e desesperada por Ele. Será que é esta a geração que Deus está esperando? Ou Deus tem que esperar outra? Será que somos eu e você ou Deus vai ter que esperar outra geração para sacudir esta cidade, o Brasil e as nações? Deus esperou 38 anos para que aquela geração de Moisés morresse antes de levar o povo a usufruir o que ele tinha! *O tempo que caminhamos, desde Cades-Barneia até passarmos o ribeiro de Zerede, foram trinta e oito anos, até que toda aquela geração dos homens de guerra se consumiu do meio do arraial, como o Senhor lhes jurara.* Deuteronômio 2:14.

Enquanto isso... Enquanto Deus espera uma geração morrer, uma geração religiosa, presa ao orgulho, amarrada a modos e preceitos humanos. Ele está assistindo uma outra geração nascer... Uma que não é cativa a; *eu penso que deveria ser assim!*

E Deus me fez ver isso!

Ele espera uma geração nascer que é totalmente faminta e apaixonada, uma que é livre para ter os sonhos que foram profetizados. Deus fala que a geração que vai ter o que foi profetizado é aquela que corresponder ao seu chamado. Ele vai derramar seu Espírito, unção e graça. Todas as gerações que Deus sonha, o diabo tenta matar. Deus tem uma geração em mente e você está incluído nela!

Gerações – Moisés – Deus apareceu para Abraão e falou que a sua descendência herdaria a terra, mas eles iriam presos no Egito e até que isso acontecese passariam 400 anos. Quando o inferno viu que estava chegando o tempo do cumprimento da palavra profética compartilhada a Abraão, Faraó deu a ordem para que se matassem todas as crianças que nascessem do sexo masculino para que esta geração fosse aleijada e não se multiplicasse mais. Por que aquelas crianças e os menininhos veriam o mar se abrir, e a nação toda chegar aonde Deus queria: ao "Monte", a presença para adorar a Deus. O inferno sabia disso e tentou matar aquela geração. Algo tocava as parteiras, "Puá e Sifrá", Êxodo 1:15-21, para não entregar a geração. Cadê as parteiras que contrariam o inferno e abrem caminho para a nova geração?

Jesus – O tempo passou e chegando a plenitude dos tempos, o inferno percebeu que o Filho iria se manifestar. Herodes mandou matar todas aquelas crianças.

– Quem sabe se todos matarem esta geração não haverá libertador, adoração, salvação, e eles não serão a geração de Deus.

O inimigo está tentando sufocar essa geração. Estamos diante da sarça, e agora é a hora de entender o porquê dessa geração! Deus sonhou com essa geração. Que vai dançar sobre o inferno. Que vai comer do pão vivo e vai levar outros a isso!

Sabe o que o diabo fez quando tentou levar minha vida várias vezes? Ataques de maledicência. É porque o inferno quer abortar essa geração profética. Sabe por que o diabo se levanta contra esta igreja? Ele quer abortar essa geração profética. Sabe quando se tem gente contra a direção da igreja, de obedecer à visão da igreja... Faltam nos cultos, dízimos, santidade... Não se fala de outra coisa a não ser da estratégia do inferno de abortar essa geração faminta e apaixonada por Deus.

Eu sinto no meu espírito que muitos ainda não entenderam... Ainda estão com as harpas penduradas nas árvores. Vinte anos em Queriante-Jearim. São amigos somente de suas necessidades. Estamos perto de Deus quando se deseja estar! Será que Deus se arrependeu de ter dado uma bênção a você? Se Deus não encontrar justiça, e se Ele não receber a glória daquilo que Ele lhe deu, Ele vai destruir!

O inferno quer abortar a geração profética. O inferno sabe do poder que está para ser derramado; unção, graça, cânticos, vidas arrependidas, alcançadas e restauradas. O inferno está se antecipando, dizendo:

— Manda matar os pequenos.

O inferno se antecipa contra a santidade dos jovens enviando os manjares do rei. Só pele de pêssego, *shortinho*, decotes e faróis acessos! O inferno sabe que está para manifestar a promessa de prosperidade, então ele amarra você nas circunstâncias! O inferno sabe, e Faraó e Herodes sabiam que quando a graça se manifesta, ficamos famintos, a unção flui... Então ele tenta abortar a geração. O Espírito Santo geme...

— Não se prostitua! Não saia do padrão de compromisso e obediência! Esconda-se no rio! Não se renda à impureza! Não ao pecado. Você é meu sonho! Geração Profética!

O inferno quer abortar você! Essa geração está nascendo! Essa geração não vai morrer no Egito, mas vai ver o mar se abrir e vai ao monte adorar! Nada novo que se pode desenvolver poderá impressionar a Deus, porém talvez os homens fiquem impressionados. O princípio do louvor e da adoração, "novo", somente poderá ser aceito por Deus se não estiver contaminado, e se a fonte for proveniente de Deus.

Perguntas e Tarefas

- Qual o conceito de cântico novo e seus temas? Tem sido sempre novo ou repetitivamente o novo que já é velho?
- Até que ponto o esforço da inovação pode ser empregado nas situações espirituais?
- Quando se deve abandonar o esforço próprio?
- Você tem recebido o "novo" de Deus? Dê exemplos, sem constrangimentos, e se Deus deu algo pioneiro, descreva e analise.
- Quais são os impedimentos para o "novo" de Deus? No louvor, na adoração, na igreja, n ministério pessoal, no trabalho, no desenvolvimento ministerial.
- Você já sentiu que a sua adoração foi rejeitada?
- Você já sentiu que sua adoração foi falsa?
- Em que momentos você descreve sua adoração como verdadeira?
- Onde se encontra o endereço na Bíblia que diz que se deve deixar o leitinho e comer algo mais consistente espiritualmente falando? Onde fica o texto que especifica o nível de crescimento da estatura de Cristo que Deus espera de cada um? Da mesma forma, o texto sobre prosseguir em conhecer a Deus.
- Você tem se alimentado só de leitinho?
- Peça para o seu líder e para um irmão avaliar qual o seu nível de maturidade espiritual.

O princípio do vivo

Satanás reconhece os verdadeiros adoradores muitos antes de se formar um adorador. Satanás já sabe o potencial desse indivíduo. Toda a criação de Deus foi constituída para dar glória ao Seu nome. Ele sabe que se você crer em Jesus, você e a sua casa servirão ao Senhor. Ele conhece a Bíblia muito melhor que qualquer um, ele é o maior teólogo que já existiu, ele sabe que tudo o que está escrito na Bíblia é exatamente assim. O poder de Deus, a Glória, a Autoridade e o Amor dEle por cada um de nós. Sabe por que ele sabe disso e não tem dúvida? Porque ele esteve lá como ministro da adoração no céu!

Satanás sabe que tudo o que está escrito se cumprirá!

Estavas no Éden, jardim de Deus: toda a pedra preciosa era a tua cobertura, a sardônia, o topázio, o diamante, a turquesa, o ônix, o jaspe, a safira, o carbúnculo, a esmeralda e o ouro: a obra dos teus tambores e dos teus pífaros estava em ti; no dia em que foste criado foram preparados. Ezequiel 28:13. Cada pedra preciosa, não somente revela o fascínio das cores celestiais, mas cada pedra mostra um significado relativo dos níveis de inteligência, domínio, poder, autoridade, habilidade e ocupação desse Arcanjo.

Entre os momentos da vida, existem espaços que Deus usa para preparar algo novo. E o que Deus mais espera é que se saiba esperar. Em Apocalipse 8, há uma pausa no céu por cerca de meia hora. Deus estava em silêncio preparando coisas novas.

Depois de Malaquias 450 a.C., Deus não falou mais com o homem, e começou um período de silêncio de 400 anos, chamado de período interbíblico. A voz do profeta está silenciada, e a Palavra inspirada do Antigo Concerto está calada. Jerusalém é conquistada pelos romanos. O povo judeu está agora vivendo numa espécie de "comodato" em sua própria terra. É claro que, se a voz profética está calada, o povo começa a se corromper. Provérbios 29:18. *Não havendo profecia, o povo se corrompe.*

Quais seriam as áreas da vida do povo de Deus que se degradaram no período interbíblico?

Primeira – Identidade: Povo de Deus.

Segunda – Visão: O que eles podiam ser e fazer para si e para o Reino de Deus.

Terceira – Missão: Perderam a visão de que era uma nação sacerdotal para o mundo. Adoradores.

A degradação espiritual, ou seja, agora se importam somente com as coisas materiais e não com aquilo que está relacionadas a Deus. Deus é apenas alguém que existe para suprir nossas necessidades. A Identidade a Visão e a Missão são corrompidas com religiosidade, ritos, métodos, tradição e cerimônias. Tudo por quê? A voz profética foi silenciada. O Antigo Concerto se tornou velho porque tudo o que o homem colocava a mão se degradava, então na plenitude nos tempos Deus envia seu Filho à Terra para uma nova eterna e inquebrável Aliança. Satanás ficou tão perturbado, que colocou ódio no coração de Herodes para matar, os magos, as crianças de Belém e dos arredores. Perturbado porque a promessa do Messias, Salvador do mundo, iria se manifestar. Não era apenas uma palavra, mas uma profecia! E elas se manifestam e se cumprem.

Agora, depois de 2.000 anos, vive-se o tempo do cumprimento de suas promessas. Que promessas? As promessas como a do profeta Joel 2.23-28. *Alegrai-vos, pois, filhos de Sião, regozijai-vos no Senhor, vosso Deus, porque ele vos dará em justa medida a chuva; fará descer, como outrora, a chuva temporã e a serôdia. As eiras se encherão de trigo, e os lagares transbordarão de vinho e de óleo. Restituir-vos-ei os anos que foram consumidos pelo gafanhoto migrador, pelo destruidor e pelo cortador, o meu grande exército que enviei contra vós outros. Comereis abundantemente, e vos fartareis, e louvareis o nome do Senhor, vosso Deus, que se houve maravilhosamente convosco; e o meu povo jamais será envergonhado. Sabereis que estou no meio de Israel e que eu sou o Senhor, vosso Deus, e não há outro; e o meu povo jamais será envergonhado. E acontecerá, depois, que derramarei o meu Espírito sobre toda a carne; vossos filhos e vossas filhas profetizarão, vossos velhos sonharão, e vossos jovens terão visões.*

Esse texto fala sobre o louvor vivo que brotará dos lábios. *Profetizarão...* Como consequência do derramamento do Espírito de Deus. Assim como os planos do diabo não puderam impedir o nascimento de Jesus nem sua obra completa, também agora Satanás não impedirá o derramamento do Espírito de Deus e que se profetize pela vontade do plano de Deus. Mas, espere um pouco... Jerusalém não é lugar de adoração? Por que ela se perturbou? Porque estava corrompida! Se você está perturbado porque o seu pastor, diácono, líder ou irmão dança e profetiza na presença de Deus, é porque sua Identidade, Visão e Missão estão corrompidas e em degradação. Deus não procura adoradores em Jerusalém, mas adoradores que O adorem em espírito e em verdade. Satanás usou seus recursos para tentar impedir o nascimento de Jesus. Seus recursos estavam em Herodes.

Primeiro: Domínio. Herodes governava as vidas.

Segundo: Medo. Jerusalém era refém "religioso-moral--emocional" de Herodes. Roma reconstruíra o templo de Salomão. Eles deviam isso, o comodato da terra etc.

Terceiro: Financeiro. Roma retinha os recursos financeiros.

Quem está sendo o Herodes da sua vida? Quem o diabo está usando para impedir o nascimento das coisas de Deus na sua vida. São coisas? São pessoas? São situações? O que está impedindo que o seu louvor seja vivo para Deus?

O Espírito de Deus está mostrando a você agora! Em nome de Jesus, eu profetizo na sua vida o nascimento das coisas que foram profetizadas na sua vida. Satanás sabe que você é um adorador e que nasceu para pisar na cabeça dele. Eu o convido a fazer isso!

Primeiro passo – Louvor vivo e não morto

Para produzir louvor e adoração vivos, primeiro é preciso observar como ele nasce e de onde ele vem. Para se ter a Deus tem um preço igual ao que Jesus pagou. Morte. O "Eu" tem que morrer como nunca.

Estava orando e pedindo a Deus para Ele fazer coisas gostosas em nosso meio. Ele num primeiro momento permitiu que sentíssemos algo muito precioso, entretanto ainda não seria isso. Não foram algumas lagrimas ou arrepios. Mas, apenas e tão somente deixou que eu mesmo ouvisse o clamor do meu coração.

– Senhor, eu tenho saudade de ti.

Gritava Ele dentro de mim. Sou um pastor e será que não tenho andado na presença de Deus? Não o suficiente! Não o satisfatório. Não no nível que Deus espera.

– Senhor eu tenho saudades de quando o Senhor fazia coisas sobrenaturais.

Não é que não tem sido assim. Mas, não como o clamor do meu coração deseja! Eu espero mais de Deus e eu estou vendo que o que falta na igreja é santidade. Falta santidade no altar. Na minha vida. Na vida dos músicos. Na vida dos pastores. Na vida dos líderes. Na vida do liderados. Na vida da igreja.

Eu estou percebendo no meu coração que "ter Deus" tem um preço. Para Deus fazer o que se espera que ele faça, tem um preço. Estou com saudades de Deus, mas isso tem um preço alto. Este preço Deus está revelando que onde eu quero chegar poucos tem condições hoje de acompanhar. Para isso, deve existir o sacrifício. Deixar de amar as coisas do mundo. Se eu desejo louvor e adoração "vivos", não há outra saída. Isso jamais virá por outro modo. Eu quero um louvor vivo e não morto. Então, morrer para as minhas vontades é o primeiro passo para ter um louvor vivo e uma adoração viva!.

Segundo passo – Acusação; Como se livrar dela?

Como é se sentir culpado? Você consegue louvar e adorar se sentido assim? Claro que não! Esta deve ser a resposta, e se não for você é um grande fariseu! *O pobre é odiado até do vizinho, mas o rico tem muitos amigos.* Provérbios 14:20

Quando algo errado está acontecendo com a gente ou naqueles momentos em que se atravessa uma dificuldade muito grande, todos são tomados por um sentimento de "nudez moral", e acredita-se que todo mundo sabe desse problema, e muitas vezes as críticas destroem o pouco de fé que restou no coração. Isso é um espírito de acusação. Quando se diz "espírito", pode ser um "demônio" permitindo através de palavras liberadas contra a minha ou a sua vida ou uma "disposição" de sentir-se culpado por aquela situação. O "espírito" de acusação deixa você paralisado, impossibilitado de uma reação positiva. Logo aparecem amigos como os de Jó e despejam conselhos do tipo – faça isso ou faça aquilo – nessa altura inicia um esmagador sentimento de impotência.

Dificilmente esses conselhos têm relação com o exercício da fé ou da Palavra de Deus, ou ainda de superar dificuldades em oração e persistência. Na maioria, são pressões para o indivíduo recuar e desistir de louvar e adorar livremente. O espírito de acusação age com sentimento de perseguição, observação, rejeição e culpa. Entretanto, a pessoa não encontra forças para arrependimento pela falta da presença do Espírito Santo. 1 Tessalonicenses 5.19 *"Não apagueis o Espírito".*

Diz 1 Samuel 19:9-10: *O espírito maligno, da parte do Senhor, tornou sobre Saul; estava este assentado em sua casa e tinha na mão a sua lança, enquanto Davi dedilhava o seu instrumento músico. Procurou Saul encravar a Davi na parede, porém ele se desviou do seu golpe, indo a lança ferir a parede; então, fugiu Davi e escapou.*

Saul tinha um "espírito" de acusação terrível porque desobedeceu a uma ordem de Deus por meio do profeta Samuel. Saul ficava extraordinariamente hostil a ponto de agredir quem o amava. Quem passa por esse caminho, tem muitas atitudes combativas sem qualquer provocação, ela está externamente feliz, mas por dentro, infeliz. O "espírito de acusação" afunda o indivíduo e o deixa incapaz de reagir, por isso no primeiro sinal de lucidez emocional procure ajuda irremediavelmente. Verbalizar a dificuldade com alguém é o primeiro passo para a cura.

Como se livrar desse sentimento acusação?

Primeiro: Confesse seu pecado dando nome para ele. Em 1 João 1:9 *Se confessarmos os nossos pecados, ele é fiel e justo para nos perdoar os pecados e nos purificar de toda injustiça.*

Segundo: Seja livre de tudo que o faz cair. Mateus 5.29-30 diz: *Portanto, se o seu olho direito faz com que você peque, arranque-o e jogue-o fora. Pois é melhor perder uma parte do seu corpo do que o corpo inteiro ser atirado no inferno. Se a sua mão direita faz com que você peque, corte-a e jogue-a fora. Pois é melhor perder uma parte do seu corpo do que o corpo inteiro ir para o inferno.*

Terceiro: Seja livre da legalidade do diabo na sua vida. Está em Judas 1:23: *Salvai-os, arrebatando-os do fogo; quanto a outros, sede também compassivos em temor, detestando até a roupa contaminada pela carne.*

Quarto: Santifique-se! Diz Isaías 59:2: *Mas as vossas iniquidades fazem separação entre vós e o vosso Deus; e os vossos pecados encobrem o seu rosto de vós, para que vos não ouça.*

Quinto: Ande com quem tem hábitos de adoração. Como em Provérbios 28:7: *O moço que obedece à lei de Deus é inteligente, porém o que anda em más companhias é uma vergonha para o seu pai.*

Sexto: Aconteça o que acontecer, olhe para o alvo! Em João 16:2 está escrito: *Vocês serão expulsos das sinagogas, e chegará o tempo em que qualquer um que os matar pensará que está fazendo a vontade de Deus.*

Mesmo que algo pareça insolúvel aos seus olhos, Deus tem a solução favorável a você. O conselho do homem é falho e unilateral, o conselho de Deus é soberano e inquestionável. Não tome decisões que favoreçam conselhos aparentemente bons, sem que eles sejam a "complementação" do que Deus tem para sua vida. Se um conselho dado a você vem acompanhado de versículos bíblicos, estes devem ser aceitos se confirmam e colocam fogo à sua "Fé". Muitos "conselheiros de plantão" usam a Bíblia como instrumento de piedade, contudo o diabo também usou a Bíblia com Jesus tentando persuadi-lo a desistir da Cruz e a viver em paz com a vizinhança. Não deixe esse conselho paralisar seu potencial. Hoje podem criticá-lo por uma postura persistente, mas amanhã podem se abrigar na fé que você construiu. Hoje podem criticá-lo, acusá-lo ou odiá-lo por ser pobre, e daí? Quantas coisas deram erradas antes de darem certo? Você tem noção quantas vezes um time de futebol perdeu antes de ser campeão? Meu time foi campeão paulista em 1977, nunca mais conquistou nenhum título e isso não foi motivo para eles fecharem a porta, mudar o nome ou deixarem de investir. Muita gente fala mal, e daí? Se conselho fosse bom, seria vendido! Por isso é na multidão de conselheiros e não na multidão de conselhos que há bom êxito. Como em Pv 15:22: *... mas com os muitos conselheiros há bom êxito.*

Se você se sente acusado por algo que não deu certo, ouça alguém com mais experiência e verá que as coisas erradas só o levam para o abismo infernal se você deixar as línguas o levarem para lá. *O pobre é odiado até do vizinho, mas o rico tem muitos amigos.* Pv 14:20 diz, e isso é verdade! Agora veja o que vai acontecer com essa vizinhança amigável. *As riquezas não duram para sempre, nem a coroa, de geração em geração.* Pv 27:24.

Eu não preciso ser amado pelos meus vizinhos nem aceito pela sociedade, pois perseguição é promessa bíblica. Ser criticado é mais fácil que ser amado, e ser pobre é o destino da maioria dos mortais. Ser admirado é a fortuna dos gênios. Se, por fim, você ainda não se livrou desse sentimento de acusação é possível que você esteja no processo de depressão, mas isso tem solução. Procure alguém espiritualmente maduro para ajudá-lo, pois andar sozinho não é uma boa ideia.

Provando a libertação

O perdão não é como muita gente imagina. Muitos acham que perdoar é esquecer, porém isso é impossível para qualquer um. Ninguém esquece a ofensa. O perdão é lento, mas pode ser dado. Meu louvor jamais será vivo se Deus encontrar no meu coração pedaços de pessoas e coisas mortas do passado. Jesus não vai habitar em uma casa cheia de coisas mortas. O perdão quando não concedido deixa o coração com pedaços de coisas mortas. Perdão como eu disse não é esquecer. Isso é uma mentira. Perdão é você excluir a possibilidade de punir a pessoa que ofendeu você. Isso vai paulatinamente acontecendo à medida que você se lembrar de orar liberando o perdão e deixar que o tempo cuide do resto. Um dia você não encontrará mais o desejo de vingança tão forte como no primeiro dia que você resolveu perdoar. Talvez algumas ofensas demorem décadas para desaparecer. Talvez algumas injúrias demorem meses ou poucos anos. É possível você se lembrar, mas não de fazer justiça com as próprias mãos. Existem atos que têm consequências criminais, então deixe que a justiça do homem seja instrumento da justiça de Deus.

Provérbios 19:19 *O homem de grande ira deve sofrer a penalidade, porque se tu o livrares ainda terás de tornar a fazê-lo.*

Se você faz algo errado, não sofra por isso? Então da mesma forma deve ser com outros.

Se a consequência do erro ensina a você, não tire o privilégio dos outros de serem também ensinados e receber a mesma cura. Muitas vezes não se pode esquivar das consequências de atos errados. Deus, como pai amoroso, não permitirá isso, se não for assim, todos farão do erro um hábito, mas tão logo se erre, percebe-se as consequências das escolhas rapidamente e deixa-se de produzir obras mortas. E louvor e adoração serão o que Deus sempre desejou que fossem: Vivos! Um louvor vivo reage interativamente com a dinâmica da vontade de Deus. Uma adoração viva reage imediatamente ao comando do Espírito Santo. Nada ficará morto se realmente se trabalhar para que seja um louvor vivo e uma adoração viva!

Identidade – visão – missão

Todo projeto deve ter começo, meio e fim. Ao se fazer uma festa, estipula-se o horário do começo e aparece uma ideia no final da festa. Ao fazer um projeto para Deus, há começo meio e não pensamos até quando vai durar. O que na maioria dos projetos ocorre é que ninguém planeja um fim, somente termina o projeto quando ele se tornar inviável. Eu pelo menos nunca vi ninguém começar um grupo de música e no dia que oficializam o início do grupo anunciam também o dia de desfazer o grupo. Eu também não creio que seja uma boa ideia fazer assim. Por outro lado, seria importante fazer isso com a identidade. Como assim? Não é pôr fim à identidade, mas propor o fim do projeto se ele desviar da identidade. A identidade é a razão de existir de um grupo. Se no início desse grupo ou projeto não souberem sua identidade, buscarão isso na trajetória. Isso é o que dezenas de grupos fazem, o que é muito negativo. Começam um projeto com a intenção de reproduzir ou imitar os passos de outro grupo.

Receber influência ou ser influenciado por determinado grupo ou pessoa é bem diferente de copiar. Se for copiar outro grupo, isso deve ser totalmente explícito a todos aqueles que farão parte desse projeto. E se for buscar a influência que seja também específico. Pois é diferente ser dirigido pelo modo de ser de outro grupo ou pessoa que buscar influência. A identidade é o que mantém em segurança a confiança. Uma dúvida pode vir quando a identidade não foi bem desenhada, esclarecida e compartilhada. Nada impede de mudar de estilo, perfil ou tantas outras coisas. Mas o que deverá permanecer é a identidade. Para as coisas "darem certo" é preciso fidelidade com a identidade. Não querer ser algo que não é ou aparentar alguém ou grupo ou ideia. Identidade é tudo para um projeto de Deus "dar certo". Quando se pensa na frase "dar certo", pode-se equivocadamente associar a sucesso, fama, shows, entrevistas e assédio. Mas não é isso. "Dar certo é você conseguir dar andamento ao projeto proposto. É desenvolver e alcançar os alvos corretos. "Dar certo" pode ser simplesmente conseguir colocar em prática pequenas atitudes e ser surpreendido pelos resultados. Perceber. É possível quando não cria expectativas que não sejam aquelas que Deus promete em sua Palavra.

Lembra-se quando eu disse sobre as áreas da vida do povo de Deus que se degradaram? A identidade foi a primeira. Logo depois, foi a visão. Ouve-se muito sobre visão. Alguém fala como se fossem aquelas dadas em êxtase espiritual como a de Pedro ou a que são reveladas aos seus servos nas mais diversas situações, num culto de louvor, numa oração, dormindo etc. Visão sempre é associada com a forma de ver, ou prioridade de um ministério, o jeito de administrar, ou como um grupo, igreja ou pessoa entende o chamado pessoal. Contudo visão é uma imagem clara do que se pode ser e fazer para Deus. No nosso caso específico, liga-se visão à forma de entender o chamado e corresponder a ele. Você sabe exatamente e com detalhes a responsabilidade que Deus deixou como sua e exclusiva tarefa? Tudo o que Deus deixou para você fazer não é para outra pessoa fazer. A "compreensão das responsabilidades espirituais pessoais" e a "aceitação delas" somadas ao " passo para executá-las" são a primeira parte de "ser" o que Deus espera que você seja. A segunda é tudo que se pode fazer para Deus. Se eu tenho uma imagem clara do que devo ser, porque Deus deseja que eu seja, então o segundo passo a fazer é o que sei que Deus quer que eu execute. Quando você descobre a identidade que Deus lhe deu, ela não poderá ser mudada por nenhum motivo, porque você foi feito assim. Se você não gosta do que Deus fez, então você não poderá realizar nada no reino dEle. Não pode desejar ser eu, e eu não posso desejar ser você. Isso é identidade. Se eu não me aceito como sou, não posso aceitar outros também. Eu serei muito inconstante e o relacionamento comigo se tornará insuportável. Aceite o seu timbre de voz! Não tente imitar aquele "vozeirão do João" ou da Maria ou do José. Aceite seu cabelo. Não fique lutando contra a natureza, tentando fazer com que ele seja o que não é. (Isso não o impede de cuidar e tratar e dar um estilo para ele,) As pessoas erroneamente associam "estilo" com "identidade". O estilo muda, aperfeiçoa-se, passa por adaptações e transformações naturais com as épocas e a relações sócias e com o desenvolvimento da sociedade, grupo e descobertas. Porém a identidade jamais poderá ser mudada. Você será muita mais feliz e poderá desenvolver todo o seu potencial se desenvolver sua função de acordo com a sua identidade. Como Davi, como a mulher Samaritana, como Jefté, Moisés, como Barnabé e os personagens sem nomes na Bíblia. Sempre terá um louvor vivo, uma adoração viva para oferecer, pois sua identidade é viva. Ela não é sintética, híbrida ou plástica. Não posso deixar de fazer tudo o que sei que sou capaz de realizar com a identidade esclarecida. Farei o que tenho que fazer.

A minha missão que Deus escolheu para você pode ser diferente da missão que Deus deixou para mim. Só não pode deixar escapar que somos uma nação sacerdotal para o mundo. Uma nação de adoradores. Vivos e não mortos. Para o louvor e para a adoração morrer é só descuidar de sua saúde. Eu posso me envenenar facilmente com tantos alimentos que estão disponíveis no mercado. Eu assisto à MTV e penso que posso ser igual a um roqueiro secular. Assisto a um canal *gospel* e já quero guiar a adoração congregacional. Mas qual será minha missão: ir ao mundo ou edificar a igreja? Ambos estão certos. Contudo, para sua missão não morrer, você deverá saber qual é o seu momento. O que Deus espera de você no tempo e espaço que você ocupa. No começo da minha carreira musical, eu amava evangelizar. Tocar nas praças, eventos evangelísticos, pois não me via em hipótese alguma fazendo louvor congregacional. Participei em centenas de eventos evangelísticos, durante 14 anos aproximadamente. Até que eu tive um sonho. Um sonho de verdade, não é um sonho no qual se planeja o que fazer no futuro. Mas o que Deus queria que eu fizesse no futuro.

Enquanto dormia em uma visão, o Senhor ordenou que um anjo me levasse a um lugar onde havia a preparação da adoração celestial. Era como olhar o céu de cabeça para baixo, não havia chão. Estávamos acima de um aglomerado de anjos-músicos que pareciam inumeráveis. Na visão os anjos aguardavam o meu comando para iniciar o louvor. O anjo que me acompanhava me orientou que eu daria a letra e conduziria o arranjo. O tema seria: "Elevem e exaltem o cordeiro de Deus que tira o pecado do mundo". Logo começou uma construção rítmica, melódica e harmônica como nunca ouvi antes, incomparável. Senti que aquela música saía do meu interior como fruto do Espírito Santo. (Esta foi uma experiência pessoal) Naquela época, eu não acreditava em visões, mas essa me inquietou. Depois de algum tempo, fui ungido ministro de louvor. Na noite em que recebi publicamente minha ordenação, o Espírito Santo me trouxe novamente à lembrança aquela visão. Eu recebi humildemente essa missão. Eu não disse para Deus que eu aceitaria somente se eu fizesse: muito sucesso e fosse conhecido por todo o Brasil. Eu disse:

– Eis-me aqui, Senhor, estou totalmente disponível.

Embora naquela época eu não gostasse de fazer louvor congregacional, para mim era muito chato e quadrado, não tinha a menor ideia de como dirigir louvor, meu instrumento era o contrabaixo, ao qual me dediquei depois de ter feito o curso de violão erudito, e tocava um pouco de piano. Percebi que para minha missão ser mais eficaz eu precisaria estudar piano. Fui estudar. Passados alguns anos, senti a necessidade de compor. Fui me espelhar e aprender com quem sabia o que estava fazendo. Hoje não me vejo exercendo outro ministério. Passei por estilos, mudanças e transformações, mas não deixei que meu louvor e minha adoração morressem. Sei que meu louvor é vivo, porque não perdi a identidade. Não perdi a:

Primeiro – Identidade: Sou filho de Deus, ele me fez assim e eu aceito isso.

Segundo – Visão: Eu sei claramente o que posso "ser" e "fazer" para Deus.

Terceiro – Missão: Adorar de forma simples, porém enfática.

Nunca terei um louvor vivo se u não me sentir vivo em Deus e se não produzir obras vivas. Para gerar louvor e adoração vivos, é necessário corresponder com a ordem claramente expressa em Sua Palavra.

Perguntas e Tarefas

- O que você diz da sua adoração? É verdadeira?
- Peça para seu líder avaliar se as suas atitudes correspondem a de um verdadeiro adorador. Peça para ele detalhar possíveis deslizes que são pequenas manchas nas suas vestes de adoração.
- Comente sobre o louvor vivo? O que o faz vivo?
- Quais as causas de um louvor morto?
- Como você avalia o seu louvor pessoal?
- Quando há um grande público, ele é tão vivo independentemente da quantidade de pessoas? E se não há nenhuma outra pessoa, somente você e Deus? Há o mesmo entusiasmo?
- Quais os passos para você se livrar do sentimento de acusação por oferecer um louvor morto?
- O que é identidade?
- O que é visão?
- O que é missão?

O PRINCÍPIO DA ARTE

Quem em casa nunca precisou de uma fita isolante e não a encontrou? E para resolver o problema provisoriamente, acabou isolando o fio com durex? E por fim, aquilo que era provisório, acabou ficando definitivo? E o estrado da cama quebrado foi ajeitado temporariamente com latas ou tijolos? E o temporário se transformou em definitivo? Isolar fio com durex é perigoso e muito provável que aconteça curto-circuito, queima do eletro--eletrônico ou incêndio. O estrado temporariamente quebrado somente será consertado na mudança da casa ou quando a cama for jogada fora, e se acontecer de quebrar em mais lugares. Isso é o que acontece também com as coisas de Deus. Aquilo que é temporário se transforma em definitivo. A mesa de som sempre é jogada um WD-40 até que os deslizantes emperrem ou fiquem dando estalos intermitentes sem parada. Os cabos dos vários microfones com mau contato causam constrangimentos nos ministros pela dublagem de partes importantes da música. Eles continuam cantando, mas o som é cortado várias vezes. São tantas as gambiarras no som da igreja, adaptações que Macgyver perderia de 10 a 0. Infelizmente não é por falta de dinheiro, mas de prioridade.

Eu conheço vários ministros que o som do seu carro particular custa o dobro que o som da sua igreja. Pastores que o seu *home theater* é muito mais potente que as caixas da sua igreja. Parece exagero, mas não é. Se um aparelho de *home theater* custa "x" para uma área "y" da sala do pastor ou ministro mais o número de pessoas que cabem nessa área, daria um valor como resultado. Compare com o valor "x" do som da igreja para a área "y" desta, somando ao número de pessoas que cabem ali o resultado seria "centenas de vezes menor"! É disso que eu estou falando! Agora observe cada instrumento que compõe este cenário. E anote também o tempo de preparo, estudo e ensaio dos envolvidos. Diga-me; é possível fazer arte?

O princípio da arte

Para fazer arte é preciso o espírito de arte. A palavra "espírito" não é algo espiritual, por enquanto, mas a palavra "espírito" denota a "disposição para algo". Artista é aquele que faz arte, não é uma pessoa orgulhosa, ela é genial e não geniosa. O artista é imprevisível, mas não inconstante. Artista é aquele que conta com uma técnica diferenciada dos demais. No sentido moderno, também pode-se incluir o termo arte como a atividade artística ou o produto da atividade artística.

O Wikipédia diz que: *"Arte" vem do latim, "Ars", significando técnica ou "habilidade" geralmente é entendida como a atividade humana ligada a manifestações de ordem estética, feita por artistas a partir de percepção, emoções e ideias, com o objetivo de estimular essas instâncias de consciência em um ou mais espectadores, dando um significado único e diferente para cada obra de arte. Arte pode ser sinônimo de beleza, ou de uma beleza transcendente. Dessa forma, o termo passa a ter um caráter subjetivo, qualquer coisa pode ser chamada de arte, desde que alguém a considere assim, não precisando ser limitada à produção feita por um artista".*

Infelizmente, existem pessoas que alimentam esse pensamento de caráter subjetivo. Você, que não toca nada, não canta nada e acha que é muito bom. Pode chamar a sua música de arte para Deus. Mas é preciso mais que isso para receber o carimbo de aprovação de que aquilo que você está fazendo é arte para Deus. É preciso saber os princípios. Arte para Deus tem seus conceitos proclamados na Sua Palavra. Se for do Seu modo, então poderá ser considerada uma arte para Ele. Seria muita presunção pensar que Deus se impressionaria com o que o ser humano poderia produzir. Lembre-se de que uma das características de Deus é Criador! O universo é Sua arte. A lua é Sua arte, a fotossíntese é uma arte, o pôr do sol ou o nascer do sol é fenomenal. Um organismo microscópico... Isso sim é arte! Um coração totalmente puro, e cheio das coisas de Deus harmoniosamente acomodadas em cada área, seria a maior de nossas artes.

Ainda segundo o Wikipédia – *"Uma das características da arte é a dificuldade que se tem em conferir-lhe utilidade. Muitas vezes esta dificuldade em encontrar utilidade para a arte mascara preconceitos contra a arte e os artistas. O que deve ser lembrado é que a arte não possui utilidade, no sentido pragmatista e imediatista de servir para um fim além dele mesmo. Assim, um quadro não "serve" para outra coisa, como um desenho técnico, como uma planta de engenharia, por exemplo, serve para que se construa uma máquina. Mas isso não quer dizer que a arte não tenha uma função. A arte possui a função transcendente, ou seja, manchas de tinta sobre uma tela ou palavras escritas sobre um papel simbolizam estados de consciência humana, abrangendo percepção, emoção e razão. Essa seria a principal função da arte."*

Estado de consciência é muito propício para o que se estabelece como princípios da arte, abrangendo percepção, emoção e razão. Uma arte tem uma linha de organização e, por mais que o espírito do artista seja livre em sua criação, ele segue um trilho ao qual coloca seu trem da arte. Um pintor precisa dos trilhos da tela, tinta e pincéis adequados. Ele não conseguirá reproduzir uma paisagem sem azul, verde, branco e marrom. Uma escultura jamais nasceria sem as ferramentas adequadas. Imagine um escultor batendo em um bloco de pedra para fazer um busto com martelinho de bater bife. E um músico? E um adorador? Sem as ferramentas adequadas é anarquia e não arte. Uma arte sem o governo de Cristo é expressão puramente humana. Para Deus receber adoração a arte deve ter a origem no próprio Deus que é inspiração e influência do Espírito Santo. São essas as características e os princípios para fazer arte. A arte para Deus tem regras ditadas pela consciência e pensamento regenerados, frutos do domínio do Espírito Santo.

Esmiuçando as pedras da vida para fazer arte

Veja o que a consciência regenerada diz sobre condições e ferramentas adequadas: *Porventura a minha palavra não é como o fogo, diz o Senhor, e como um martelo que esmiúça a pedra?* Jeremias 23:29. Quando você quer apertar um parafuso, você usa qual espécie de ferramenta? E pintar uma porta? E regar uma planta? É possível apertar um parafuso com uma faquinha? Pintar com um regador ou regar com um pincel? Para cada missão há uma ferramenta adequada, senão o trabalho é penoso e o resultado almejado não é alcançado. Na caminhada da vida, há muitos obstáculos que são classificados como "pedras". Pedras são as adversidades na saúde, na área financeira, no chamado ministerial pessoal, na carreira profissional e nos relacionamentos.

Para essas pedras, é preciso um "Martelador de pedras". Um "Martelador de Pedras" não é uma ferramenta, mas a "Palavra de Deus". *Disse-lhes Jesus uma parábola sobre o dever de orar sempre e nunca esmorecer: Havia em certa cidade um juiz que não temia a Deus, nem respeitava homem algum. Havia também, naquela mesma cidade, uma viúva que vinha ter com ele, dizendo: Julga a minha causa contra o meu adversário. Ele, por algum tempo, não a quis atender; mas, depois, disse consigo: Bem que eu não temo a Deus, nem respeito a homem algum; todavia, como esta viúva me importuna, julgarei a sua causa, para não suceder que, por fim, venha a molestar-me. Então, disse o Senhor: Considerai no que diz este juiz iníquo. Não fará Deus justiça aos seus escolhidos, que a ele clamam dia e noite, embora pareça demorado em defendê-los? Digo-vos que, depressa, lhes fará justiça. Contudo, quando vier o Filho do Homem, achará, porventura, fé na terra?* Lucas 18.1-8.

O que você acha do juiz? Ele se julgava acima de todos e poderoso, o bom da boca: se fosse nos dias de hoje seria assim.

— Eu sou o cara! – dizia ele, o gostosão da bala chita. Esse juiz era atrevido com o prefeito, com o delegado... Ai do gerente se deixasse voltar um de seus cheques. – O terror do pedaço – Mas em seu caminho havia uma "Maria ninguém!". Uma pobre viúva.

O juiz corrupto controlava todos, menos uma viúva. A viúva estava em seu caminho. O martelador de pedras tem uma ferramenta e ele é insistente; 1, 2, 3,4... 82, 83, 84...

— Já dei tanta martelada e esta pedra ainda não quebrou!

Quando chegar à medida exata, a pedra irá quebrar! Algumas pedras precisam de "uma" martelada, já outras "cem" marteladas. Não tem como saber quantas! Deus sabe e coloca a ferramenta exata para cada luta/pedra. Você está cansado, ou querendo desistir? Dê mais uma martelada!

Eu mesmo tenho um testemunho sobre dar mais martelada. Quantas pessoas estavam comigo no ministério, lado a lado, e quando chegou na 99ª (nonagésima nona) martelada, olharam para mim bateram nas costas e disseram:

— Chega, não dá mais, acho que você se enganou...

Viraram as costas e foram embora. O que me resta fazer? Nada, a não ser continuar martelando. E foi o que fiz, e eu dei só mais uma única martelada e a pedra quebrou! Isso quando não dizem que a pedra está dura por minha causa ou fazem o que é comum: acertam uma martelada no meu dedo. Ninguém dava nada por aquela viúva. Ninguém valoriza você ou acham que você é um indivíduo sem ambição e vive na miséria da favela existencial. Só que você é martelador de pedras!

Lucas 18:14 diz: ...*porque todo o que se exalta será humilhado; mas o que se humilha será exaltado*. Salmos 11:2 *Porque eis aí os ímpios, armam o arco, dispõem a sua flecha na corda, para, às ocultas, dispararem contra os retos de coração*. Salmos 31:4: *Tirar-me-ás do laço que, às ocultas, me armaram, pois tu és a minha fortaleza*.

Se alguém está tramando algo contra o seu ministério perecerá. Quem estiver tramando algo contra a sua vida, perecerá. Se alguém planejou, às ocultas, prejudicar você, será desmascarado! Por isso que na martelada certa a pedra será esmiuçada. Não desista de martelar agora, você está prestes a detonar muitas pedras que pareciam ser impossíveis! As marteladas devem ser sincronizadas e insistentes no mesmo alvo. Não é para você martelar a Noiva, a visão da igreja, o líder do ministério ou o irmão. Não seja você uma pedra de tropeço para o Reino, se não, Deus vai esmiuçá-lo com uma só martelada!

- Talvez você esteja martelando pelo seu casamento. *Portanto, o que Deus ajuntou não o separe o homem*. Mateus 19:6.

- Talvez você esteja martelando por um livramento financeiro. Dízimo: Malaquias 3:10. Voto: Gênesis 28:20. Confiança: Habacuque 3:17.

- Você se sente incapaz de pregar o evangelho ou de enfrentar uma situação? Tudo você pode: Filipenses 4:13.

- Você está lutando contra um pecado, mas está perdendo as forças? Gálatas 5:1 *Para a liberdade foi que Cristo nos libertou. Permanecei, pois, firmes e não vos submetais, de novo, a jugo de escravidão.* Colossenses 1:13 *Ele nos libertou do império das trevas e nos transportou para o reino do Filho do seu amor.*

- Você está martelando a salvação da sua casa? Atos 16:31. *Será salvo tu e a tua casa!*

- Você está martelando uma enfermidade? Isaías 53:4. *Certamente, ele tomou sobre si as nossas enfermidades e as nossas dores levou sobre si.*

- Você esta martelando pelo seu ministério pessoal? *Desde os dias de João Batista até agora, o reino dos céus é tomado por esforço, e os que se esforçam se apoderam dele.* Mateus 11:12.

Venha comigo e vamos fazer algo para Deus? Não desista de oferecer a Ele arte! A verdadeira arte que somente aquele que tem o Espírito Santo pode fazer. *Porventura a minha palavra não é como o fogo, diz o senhor, e como um martelo que esmiúça a pedra?* Jeremias 23:29. Vamos! Martele mais uma vez! Deus atende os "Marteladores de pedras"!

Oração do martelador de pedras...

- Obrigado, Deus, por cada situação que pensei que não ia aguentar e venci!

- Obrigado, por todas as vezes, que achei que não ia levantar e o Senhor me colocou mais alto ainda!

- Obrigado, porque todas as vezes que fui surpreendido por uma emboscada, o Senhor me fez cavalgar sobre os que me traíram!

- Obrigado por que quando achava que não iria ter o que comer com meus filhos, o Senhor encheu minha mesa, a ponto de poder alimentar outras famílias e filhos.

- Obrigado porque quando achei que faltaria o óleo, o Senhor fez a minha vara florescer sobre tantas outras!

- Obrigado pelos "Marteladores de pedras" que escolheram a aliança, e não se contaminaram com os manjares do rei. Eu sei que na martelada certa, eles colheram abundantemente e poderão desfrutar gostosamente e em paz de suas dádivas.

- Obrigado, Senhor, porque todas as vezes em que eu ministro na tua presença, realizo o meu sonho.

- Obrigado, Senhor, porque todas as vezes que eu toco ou canto na tua casa eu realizo o meu sonho e todas as vezes que eu faço isso eu renovo, vivo e desfruto do que plantei no passado.

- Obrigado, Senhor, por me fazer ver que todos os dias quando eu acordo o Senhor me dá a oportunidade de fazer as coisas do seu jeito.

- Obrigado, Senhor, pelo martelo que está na minha mão. Eu o usarei para reduzir a pó todas as pedras que estão no meu caminho e aquelas que ainda encontrarei.

Impedimentos para a verdadeira arte – A mente condicionada

No começo deste livro, comentei qual a expectativa que você não deveria ter sobre ele. Não espere que este livro aborde os mesmos assuntos, nem espere que ele siga a mesma linha de exposição dos outros livros sobre esse tema. Não haverá cooperativismo nem consenso sobre pensamentos e opiniões aqui. A proposta ajudará a fechar a sutil lacuna que no meu entender existe. Em vez de apresentar fórmulas, treinamentos e chaves do sucesso, o trabalho será em torno da essência, do cerne e da raiz. Lembra o que Paulo conceituou sobre isso? *E, se as primícias são santas, também a massa o é; se a raiz é santa, também os ramos o são.* Romanos 11:16. Uma arte será toda santa se a raiz for santa, é o que disse Jesus. Não se pode esperar mudar a forma que as pessoas interpretam a arte se não houver organização e uma linguagem compreensível para elas. A arte não pode ser incompreensível. Pode-se e deve-se expressar a genialidade quando há genialidade e não quando há convencimento, mas o que adianta se as pessoas comuns não conseguem entender a genialidade.

Deus entenderá a sua arte, porém se você deseja que as pessoas entendam a sua arte, então deverá rebuscar aquelas que poderão ser interpretadas pelos sentidos comuns. Se você fizer arte para artistas, então não espere que pessoas comuns reajam a ela como artistas. O povo de Deus é muito mesclado e são pouquíssimos os artistas. O artista não consome todo tipo de arte, o povo sim consome todo tipo de arte, porém consome umas mais do que as outras. Vamos usar o exemplo de Paulo falando em línguas em Coríntios 14:19 *Todavia eu antes quero falar na igreja cinco palavras na minha própria inteligência, para que possa também instruir os outros, do que dez mil palavras em língua desconhecida.*

Às vezes, a arte é feita para impressionar, mas a nossa arte deve ser feita para glorificar, influenciar e edificar.

Reavalie sua comunicação. Arte é comunicar um estado de sentimento, pensamento, um estado emocional, de opinião e de uma mensagem. A arte serve para glorificar a Deus e influenciar que tem contato com ela. Veja em Lucas 7:36-39: *E rogou-lhe um dos fariseus que comesse com ele; e, entrando em casa do fariseu, assentou-se à mesa. E eis que uma mulher da cidade, uma pecadora, sabendo que ele estava à mesa em casa do fariseu, levou um vaso de alabastro com unguento; E, estando por detrás, aos seus pés, chorando, começou a regar-lhe os pés com lágrimas, e enxugava-lhos com os cabelos da sua cabeça; e beijava-lhe os pés, e ungia-lhos com o unguento. Quando isto viu o fariseu que o tinha convidado, falava consigo, dizendo: Se este fora profeta, bem saberia quem e qual é a mulher que lhe tocou, pois é uma pecadora.*

O texto é conhecido como "Fariseu sem sensibilidade" e a "Adoradora extravagante". O fariseu pode ser em tese comparado como uma pessoa comum, como a maioria de nós; uma pessoa ligada às coisas de Deus, envolvida, ativa e promovendo reuniões para que nelas pessoas possam ser abençoadas e o pior, pensando ser maior do que alguém. Por outro lado, a "adoradora extravagante" é comparada a um de nós. E é o oposto dos fariseus que são a maioria. Os adoradores extravagantes são a minoria. Pessoas que entregam não só a "imagem", o externo ou aquilo que as pessoas veem, mas o "conteúdo", o verdadeiro tesouro. E por falar sobre tesouro, veja como Jesus usa uma parábola sobre "dívida financeira" para conceituar sobre amor. Está em Lucas 7:40-43: *E respondendo, Jesus disse-lhe: Simão, uma coisa tenho a dizer-te. E ele disse: Dize-a, Mestre. Um certo credor tinha dois devedores: um devia-lhe quinhentos dinheiros, e outro cinquenta. E, não tendo eles com que pagar, perdoou-lhes a ambos. Dize, pois, qual deles o amará mais? E Simão, respondendo, disse: Tenho para mim que é aquele a quem mais perdoou. E ele lhe disse: Julgaste bem.*

Observe que a Bíblia diz que não tinham "como" ou com "o que" pagar, bem diferente da avareza e da atitude escarnecedora de pensar que se pode enganar a Deus não cumprindo votos. Deixa-se de devolver o dízimo e outras desculpas, como faltas irresponsáveis ao deixar de ir a ensaios, escola dominical, classe de adoradores etc. Contextualizando e aplicando ao dia a dia, pode-se perceber que, ao ser perdoado, devota-se amor ao credor (DEUS), em escalas distintas, mas amamos. O Credor fez algo grande e inesperado e a gratidão é amar em muito menor escala do que divida para com Deus.

Às vezes, ao falar com o filho que para receber um determinado presente que ele deseja é preciso mudar o comportamento, você olha para ele e percebe que sua mente está longe do que você está falando. Você já foi filho e todos agiram assim quando os pais falavam sobre "comportamento e presentes". Refresque a memória, extraia e ressalte os detalhes do que Jesus falava em Lucas 7:44-47: *E, voltando-se para a mulher, disse a Simão: Vês tu esta mulher? Entrei em tua casa, e não me deste água para os pés; mas esta regou-me os pés com lágrimas, e mos enxugou com os seus cabelos. Não me deste ósculo, mas esta, desde que entrou, não tem cessado de me beijar os pés. Não me ungiste a cabeça com óleo, mas esta ungiu-me os pés com unguento. Por isso te digo que os seus muitos pecados lhe são perdoados, porque muito amou; mas aquele a quem pouco é perdoado pouco ama.*

O fariseu quando convidou Jesus para ir a sua casa, tinha algum objetivo oculto que a Bíblia não diz. Não diz exatamente com a intenção didática de forçar-nos a descobrir. E só se pode descobrir à medida que se confessa para Deus as coisas que se tenta esconder no coração. Não que Deus não saiba, mas isso é para se abandonar o pecado e ser tratado. O fariseu queria alguma coisa de Jesus. E estava ele com a "mente condicionada para ouvir uma só resposta". Não se sabe qual, mas pode-se ver que Jesus responde a uma pergunta feita no pensamento do fariseu v 39. *Se este fora profeta, bem saberia quem e qual é a mulher que lhe tocou, pois é uma pecadora.* Não deixe escapar isso da sua mente: Deus sabe o que todos pensam. Salmos 139:4 *Não havendo ainda palavra alguma na minha língua, eis que logo, ó Senhor, tudo conheces.* Espantoso!

Volta e meia, isso acontece na prática, quando em ministrações nota-se um fenômeno que eu chamo de "mente condicionada". A congregação fica conectada com uma expectativa de sentir a presença de Deus quando canta a canção "A". É latente para mim que a "mente coletiva está condicionada para ouvir uma só resposta" e quando começo a tocar a canção "A", percebo como começam a pular e rodopiar já no primeiro acorde. Eu pergunto: E as outras promessas ministradas nas letras? Geralmente, é comum na preparação do repertório colocar a canção "A" no momento que nominalmente classifica-se de "clímax da adoração". Esse momento não é o começo da reunião, mas depois que já se passou pelo louvor, exaltação, comunhão, é aí que se chega ao Cântico "A". Procuro fugir disso, entretanto deixo que o Espírito Santo lidere o que vou fazer. E a despeito disso, lá está o fenômeno: as mentes estão presas, mas quando começa o cântico "A" parece uma ola. Esquecem que Deus estava lá antes de se chegar ao local. Aparentemente destacam-se pouquíssimos com o comportamento semelhante à mulher pecadora. Esse comportamento faz com que os presentes de Deus sejam os mesmos, impedindo que o novo de Deus se manifeste. Pelo menos, é isso que as orações feitas antes de começar o culto desejam. Deseja-se as coisas novas sem "desprezar os hábitos antigos" e que engessam o Espírito Santo.

Muito mais que uma voz bonita – Muito mais que músicas lindas, um bom som, boas letras, uma linda ministração com danças, seja lá qual forem os instrumentos que compõem a adoração. Porque não sou eu nem você, mas DEUS EM NÓS E ATRAVÉS DE NÓS. O seu ministério é Deus em você e através de você.

Pode-se ter atitudes como aquele fariseu Simão com a "mente condicionada para ouvir uma só resposta". Enquanto passa os olhos neste livro, enquanto o seu pastor prega, enquanto seu pai o chama a atentar para educação que deu a você, enquanto você recebe um conselho, enquanto o tempo passa... E está passando. Muito mais que um cantor conhecido. Muito mais do que desejar ser conhecido e passar o que Deus já deu a você, continue renovando o seu entendimento.

Libere sua mente dos impedimentos – Deus não dará um milagre inferior, pode ser diferente, mas não inferior. Libere sua mente que aprisiona sua imaginação. Deixe livre, por mais que você espera um milagre vindo numa mala preta cheia de dinheiro, ela poderá vir de outra forma, o que importa é que o milagre venha, não é? A expectativa do milagre nunca, jamais, de forma alguma, aconteça o que acontecer, deverá ser perdida. Não existe uma fórmula que você possa aplicar e que deixará a sua fé blindada. Você já aprendeu que até os supercrentes ficam gripados, outros ficam enfermos, alguns caem de cama, e todos morrem e são enterrados. Aleluia, pois aguardam a ressurreição. Que tipo de milagres você deve esperar que Deus faça hoje ou amanhã ou no mês que vem? Libere sua mente.

Troque sua "fixação" por "sensibilidade a voz do Espírito Santo". Entregue seus "desejos" e se "submeta aos desejos de Deus". Mude seu comportamento para receber os presentes de Deus. Quando se fixa o desejo em um só foco, acaba-se por perder incontáveis acontecimentos realizados por Deus. Vez por outra Deus, usa uma situação para colocar o foco no lugar certo. Não se saberia lidar com a publicidade, com o sucesso e com a exposição. Não se pode querer atenção e proteger a privacidade. Se deseja a atenção de Deus, é preciso expor o pecado e se livrar dele. No futuro, pode-se estragar os planos de Deus que, diga-se assim de passagem, são os únicos perfeitos, por causa de quem somos.

Falando pessoalmente, se eu fui planejado por Deus para ser um músico não me daria bem sendo professor de matemática. As características de personalidades que Deus colocou em mim não são para desenvolver matemática e sim artes. É um sonho ser admirado respeitado conhecido e receber benefícios por essas coisas e dons. Deseja-se descobrir qual dom especial se tem e qual faz a diferença. Luta-se desesperadamente por anos para que o mundo saiba o dom que lhe torna peculiar. Até que algum acontecimento aparentemente negativo desestrutura aquela certeza que havia de propagar habilidades e imagem, e a partir desse acontecimento só se deseja ter uma vida normal. Não se quer mais se mostrar ou ser alguém especial. Primeiro, já somos especiais para Deus, para nossa família e nossa igreja. Libere sua mente para ser o que Deus tem para você ser. Libere sua mente para perceber a arte do criador da arte e poder fazer arte da forma que ele seja glorificado.

Perguntas e Tarefas

- Qual o seu conceito de arte?
- Você faz arte ou copia a arte?
- Se sente incapaz? Quais são os obstáculos de ser sentir aceito como um artista?
- Persistência é uma virtude para alcançar a competência em matéria de arte?
- Que tipo de arte você acha que Deus não aceitaria como manifestação de adoração?
- O que é uma mente condicionada segundo o texto deste capítulo?
- Você consegue identificar isso em algum lugar?
- Quais as características de arte você conclui que Deus espera que você desenvolva? Tipo, intensidade, qualidade e outros.
- Na sua área de atuação, você aceitaria o desafio de produzir alguma arte "inédita" Deus agora? improvisadamente? Se for músico faça uma composição sobre a arte e louvor, se for desenhista, uma gravura sobre arte e louvor, se poeta, se dançarino, se malabarista uma *performance* e se outro, aceite o desafio.
- Se você não é artista, pense em uma tarefa e apresente-se como manifestação de arte para Deus.

Excelência ou Perfeição

Quantas vezes já transmiti uma ideia com o objetivo de imprimir nos corações e nas mentes daqueles que me ouviam o conceito de fazer as coisas com capricho para Deus. Quantas vezes eu usei o conceito de "excelência" construindo a imagem de se fazer algo muito bem feito para Deus. Foi um equívoco. Deus não espera que se seja "excelente", mas "perfeito" como o Pai é perfeito. Você pode pensar que é apenas semântica. Diz-se estar apaixonado por Deus. A palavra "paixão" significa sentimento violento. Muitos defendem que o Espírito Santo não é violento. Você que pensa! O Espírito Santo tem ciúmes? Então, Ele nos ama fortemente, violentamente e não é possível corresponder diferente ao seu amor forte e violento. Deve-se amar a Deus violentamente. Aleluia, com paixão! A forma que Jesus me amou, morrendo numa cruz por mim, foi uma forma violenta de amor, e eu não posso fazer diferente.

E em relação à excelência, desejo dizer para você que Excelência (do latim, *excellentia*) é o estado ou qualidade de excelente. É a superioridade ou o estado de ser bom no mais alto grau. A excelência é considerada como um valor por muitas organizações, em particular, por escolas e outras instituições de ensino, e um objetivo a ser perseguido. Porém... Este "porém" você já sabe o que significa? Que Deus espera que o louvor seja perfeito. Jesus não é excelente, Ele é perfeito. Nele habita a plenitude do Pai. O louvor perfeito é diferente do excelente. Excelente é um grau de nível e pode ser questionado em relação ao estilo ou modo. E perfeito (do latim, *perfectione*) caracteriza-se como um ser ideal que reúne todas as qualidades e não tem nenhum defeito. Designa uma circunstância que não possa ser melhorada ainda mais e mais. A perfeição é uma noção de completude, completo e como sendo uma reunião de todas as disposições sujeitas a uma unidade harmoniosa ou ordem. O perfeito é um "completo", um manancial de ações potenciais. E o louvor pode ser perfeito porque é Jesus o nosso intercessor que faz isso perante Deus. Outra visão é que a Excelência é o modo como se adora, e a perfeição é motivação.

Para o louvor ser excelente, basta ter um modo ajustado, cheio de arte e muito bem elaborado buscando não errar em sua execução em relação ao modelo e aos padrões humanos, que são espiritualidade, ministração, implementos, interpretação, emoção, forma, arranjo, letra, contexto e em relação aos outros seus iguais. O louvor perfeito vem do sacrifício, do coração e da resposta ao convite do Espírito Santo. Veja como ele pode ser perfeito.

O primeiro modelo de adoração que se tem notícia na Bíblia foi o Tabernáculo de Moisés. Não houve instrução para adoração antes de Moisés. Foi ele quem subiu ao monte e lá recebeu o modelo de adoração. O Tabernáculo de Davi recebeu um toque especial, todavia o de Moisés foi onde tudo começou. O monte significa presença de Deus. Uma janela aberta para a adoração pura realizada no céu. Foi em uma janela aberta por iniciativa de Deus que Moisés recebeu todos os detalhes para organizar a adoração. O povo ao adorar ao Senhor naquele modelo tinha a certeza que Deus estava recebendo a adoração, e daquela forma eles estariam cumprindo o chamado de ser uma nação sacerdotal para o mundo. E é por isso que o louvor era perfeito, porque estava em cima de uma base dada por Deus. Antes de construir um edifício espiritual com as vidas, já que todos são pedras vivas, Deus sempre lança primeiro a Rocha onde possa ser edificado esse edifício, e Jesus é a pedra angular. Ao construir o louvor, Deus faz questão de dizer que adoração e louvor devem ser construídos sobre a rocha, segundo o modelo dado por Ele mesmo. Só resta o ofício do adorador. Contudo a forma das paredes, os limites, a composição e o tempo de louvor e adoração serão dados por Deus assim como feito com o Tabernáculo.

Qualquer tentativa de melhora, é inútil e rejeitada por Deus. Quando se faz assim, caímos no engano. Vamos para outros caminhos e não o caminho natural de crescimento que Deus nos reserva quando se faz as coisas do seu jeito. Satanás prefere que se trilhe esses caminhos cheios de padrões de modernidade, porque isso dá a falsa sensação de que é um louvor perfeito. A essência pode dar essa sensação por parecer com uma adoração vinda do céu cheia de novidade. Deus não rejeita o louvor e adoração excelentes, Deus espera que se alcance patamares de evolução, desenvolvimento e progresso com incrementos e desdobramentos das descobertas que se faz nas artes, na espiritualidade e no uso produtivo dessa ferramenta que Ele dispôs a cada um para ser usufruída para seu benefício. Isso é inesgotável. Matematicamente são infinitas as possibilidades de composições, ritmos, letras, estilos etc. Alguém poderá fazer uma música semelhante, mas igual a outra é impossível. O que ocorre são similaridades. Mas idêntico é impossível.

Então levantarás o tabernáculo conforme o modelo que te foi mostrado no monte. Êxodo 26:30.

Esta é a ordem de Deus. O modelo está disponível e facilmente revelado na Palavra de Deus. Já existe um modelo que é perfeito e é somente nos modos de Deus que Ele aceitará adoração e louvor. Se você lembrar o Tabernáculo de Davi, verá que a ideia de acrescentar a música como parte integrante do culto não foi uma invenção dele. Davi não estava procurando algo para incrementar o culto de Israel. A pergunta é quem deu a ideia de fazer isso? Foi de Deus mesmo através dos seus profetas. Natá e Gade é só averiguar aqui. *Pôs os levitas na casa do Senhor com címbalos, alaúdes e harpas, conforme a ordem de Davi e de Gade, o vidente do rei, e do profeta Natã; esta ordem viera do Senhor por meio de seus profetas.* II Crônicas 29:25. Aqui mostra porque muitas de nossas tentativas não oferecem resultados certos. São apenas ideias sem inspiração divina. Jesus disse que sem Ele nada poderá fazer. Então aqui está a prova de que não é possível dizer que Ele é o Filho de Deus se não for pelo Espírito de Deus. A iniciativa veio do Espírito Santo soprando a inspiração na vida dos seus profetas. Àqueles que estão sensíveis não lhes faltarão revelações e inovações vindas de Deus. A música foi incorporada ao culto de Israel como instrução aos novos levitas. Culto sem música nem pensar! São nas 24 horas por dia, sete dias por semana e 356 dias por ano.

Outro dia eu tive um sonho muito esquisito. Eu estava visitando uma igreja em que no lugar dos bancos e cadeiras tinham camas inclinadas para o altar. Eu perguntei para alguém porque era daquela forma, e a resposta foi porque o culto durava dias, por isso as camas já estavam ali. A pessoa dormia e quando acordava já estava no culto. As camas não eram como as que se usam hoje, pois pareciam com uma couraça de caracol. Eu fiquei ali ouvindo alguém pregar, mas não entendia as palavras. Até agora não entendi o sonho, mas imagina se eu apresentar essa ideia na minha igreja e disser que a adoração do futuro será a de dias na igreja e que se poderá colocar camas no salão de culto. Só rindo dessa situação. A adoração nunca poderá ser tratada como massa de modelar que a cada insatisfação vai modelá-la da forma que melhor agradar. Todas as formas são bem-vindas para Deus desde que sejam com base no modelo dado por Ele mesmo.

O QUE DEVO VALORIZAR E O QUE DEVO DESPREZAR I

A perfeição poderá ser alcançada pelo exercício da dependência e a valorização das coisas corretas e para isso Deus deixa o seu modelo que corrige nossa escala de valores.

O reino dos céus é semelhante a um tesouro oculto no campo, o qual certo homem, tendo-o achado, escondeu. E, transbordante de alegria, vai, vende tudo o que tem e compra aquele campo. Mateus 13.44

A vida é cercada por coisas de valor, umas com grande valor, outras com pouco valor, muitas com aparência de valor, mas sem valor algum, e poucas com valor imensurável. É possível medir o valor e a importância de cada item relacionado à sua vida pelo simples fato de saber quanto tempo você passa envolvido com ela. A importância que se dá ao "trabalho" mostra que sem ele não se come, não se veste, não se mora. O tempo que se passa com "pessoas" expõe um pouco do que se gosta ou gostaria de ser ou ter. O valor que se dá às "coisas" exibe nossos valores. E "o que" se "despreza" revela aonde se quer chegar. Jesus explica neste texto o que eu preciso e devo "valorizar e" o que eu devo "desprezar"!

Para ter as coisas que realmente têm valor, preciso saber que vou ter que desprezar coisas de valor passageiro, momentâneo e terreno.

1.   O tesouro traz alegria transbordante! V. 44 *O reino dos céus é semelhante a um tesouro oculto no campo, o qual certo homem, tendo-o achado, escondeu. E, transbordante de alegria, vai, vende tudo o que tem e compra aquele campo.* Se você não sente alegria em buscar este verdadeiro tesouro, é porque você está iludido, e com um encantamento com o falso brilho da bijuteria, de que ela vai trazer alegria para seu coração.

2.   O tesouro é oculto e ele não está na primeira visão ou na superfície, porém é preciso procurar. V. 45-46 *O reino dos céus é também semelhante a um que negocia e procura boas pérolas; e, tendo achado uma pérola de grande valor, vende tudo o que possui e a compra.*

3.   É preciso estar preparado para a seletividade Divina! V. 47-50 *O reino dos céus é ainda semelhante a uma rede que, lançada ao mar, recolhe peixes de toda espécie. E, quando já está cheia, os pescadores arrastam-na para a praia e, assentados, escolhem os bons para os cestos e os ruins deitam fora. Assim será na consumação do século: sairão os anjos, e separarão os maus dentre os justos, e os lançarão na fornalha acesa; ali haverá choro e ranger de dentes.*

4.   A "bênção retida" é um tesouro muito esperado, entretanto você tem "entendimento" de este tesouro traz responsabilidades de ser compartilhado como um pai compartilha as coisas já conquistadas e aquelas que são recém conquistas. V. 51-52 *Entendestes todas estas coisas? Responderam-lhe: Sim! Então, lhes disse: Por isso, todo escriba versado no reino dos céus é semelhante a um pai de família que tira do seu depósito coisas novas e coisas velhas.*

Qual é o verdadeiro tesouro? – As Coisas de Deus! O Reino de Deus! O que é O Reino de Deus? *O Reino de Deus não é comida nem bebida, mas justiça paz e alegria no Espírito Santo.* Romanos 14.17

Justiça: Condição de ser aceito por Deus. Paz com Deus.

Paz: Sem perturbação mental, acusação por causa do pecado. O diabo nos acusa diante de Deus. O sentimento que se experimenta é um dos mais terríveis, o de perturbação, acusação, de estar na sujeira. O Espírito Santo convence o indivíduo do seu pecado e dá a esperança da se tornar limpo. Paz com a própria consciência.

Alegria "no" Espírito Santo: "No" é diferente de "Do". "Do" Espírito, seria vinda dEle, o que é maravilhoso, entretanto "no" significa nas coisa de Deus. No serviço cristão, na fidelidade nos dízimos e ofertas, no congregar constantemente, adorar de acordo com o Seu modelo e em tudo o que está relacionado com o Reino de Deus.

O QUE DEVO VALORIZAR E O QUE DEVO DESPREZAR 2

Ninguém costura remendo de pano novo em veste velha; porque o remendo novo tira parte da veste velha, e fica maior a rotura. Ninguém põe vinho novo em odres velhos; do contrário, o vinho romperá os odres; e tanto se perde o vinho como os odres. Mas põe-se vinho novo em odres novos. Marcos -28; 3:1-6.

A nova vida em Jesus é cheia de novidade e cercada de coisas novas, por isso que em 2 Coríntios 5:17 diz: *Assim que, se alguém está em Cristo, nova criatura é: as coisas velhas já passaram; eis que tudo se fez novo.*

Coisas novas trazem alegria e renova todas as nossas forças. Coisas novas trazem esperança.

Assim como é bom um carro novo, uma TV nova, um computador novo, uma casa nova, um bebê novo!

Tudo que é novo precisa de cuidados diferenciados. Até o plastiquinho que envolve a embalagem e não se quer tirar... Não é diferente com o Reino de Deus!

Muitas pessoas querem continuar com coisas novas junto com as coisas velhas. Tudo de Deus e tudo do diabo. Tudo da velha vida e tudo da nova vida. O texto diz que o remendo novo arranca pedaço do velho e a rotura fica maior ainda. Assim você perde tanto o novo quanto o velho. Por isso escolha ficar com o novo e não com velho. E o novo somente poderá ser revolucionário se tiver como base o modelo perfeito de Deus. Mais uma vez Jesus nos ensina o que se deve valorizar e o que desprezar.

Quero compartilhar algumas coisas que aprendi neste texto: Marcos 2;23-28. *E acrescentou: O sábado foi estabelecido por causa do homem, e não o homem por causa do sábado; de sorte que o Filho do Homem é senhor também do sábado.*

1. Valorizar a posição de pensamento, convicções e tradições do que as pessoas. "Supervalorizar" as estratégias e "Subvalorizar" as pessoas.

2. Valorizar mais o que é seu e não se importar com o que é dos outros.

Marcos 3;1-6. *De novo, entrou Jesus na sinagoga e estava ali um homem que tinha ressequida uma das mãos. E estavam observando a Jesus para ver se o curaria em dia de sábado, a fim de o acusarem.*

E disse Jesus ao homem da mão ressequida: Vem para o meio! Então, lhes perguntou: É lícito nos sábados fazer o bem ou fazer o mal? Salvar a vida ou tirá-la? Mas eles ficaram em silêncio. Olhando-os ao redor, indignado e condoído com a dureza do seu coração, disse ao homem: Estende a mão. Estendeu-a, e a mão lhe foi restaurada. Retirando-se os fariseus, conspiravam logo com os herodianos, contra ele, em como lhe tirariam a vida

Você tem inveja? O crente tem inveja?

Inveja é: Quando você julga que a pessoa não merece o quem tem e somente você deveria ter. É um sentimento de inferioridade e irritação.

Cobiçar é: Querer a única coisa que a pessoa tem a qualquer custo. Desejo desordenado. (Davi e Urias)

Desejar é: ter algo que na escala de valores é algo louvável ou por ser um padrão não é pecado!

Os fariseus tinham inveja de Jesus e cobiçavam a posição que ele tinha. Quem tem sentimento egoísta tem atitudes homicidas. Faz maledicência para destruir aquilo que ele inveja, e que não poderá ter nem nunca terá. Jesus ensina que para não perder tudo, por insistir em continuar com as coisas velhas, deve-se escolher ficar só com o novo! Marcos 2;22 *Ninguém põe vinho novo em odres velhos; do contrário, o vinho romperá os odres; e tanto se perde o vinho como os odres. Mas põe-se vinho novo em odres novos.* Por isso a adoração corrige nossa escala de valores. Adorar é colocar Deus em primeiro em minha vinha vida! Jeremias 18:4. *Como o vaso que ele fazia de barro se quebrou na mão do oleiro, tornou a fazer dele outro vaso, conforme o que pareceu bem aos seus olhos fazer. 6 Não poderei eu fazer de vós como fez este oleiro, ó casa de Israel? — diz o Senhor; eis que, como o barro na mão do oleiro, assim sois vós na minha mão, ó casa de Israel.* Você precisa de um odre novo pra receber o novo de Deus! Vaso é onde se põe o óleo precioso do Espírito Santo. Coloque vinho novo em odre novo!

O QUE DEVO VALORIZAR E O QUE DEVO DESPREZAR 3

Gênesis 25.29-34. *Tinha feito Jáco um cozinhado, quando, esmorecido, veio do campo Esaú e lhe disse: Peço-te que me deixes comer um pouco desse cozinhado vermelho, pois estou esmorecido. Daí chamar-se Edom. Disse Jacó: Vende-me primeiro o teu direito de primogenitura. Ele respondeu: Estou a ponto de morrer; de que me aproveitará o direito de primogenitura? Então, disse Jacó: Jura-me primeiro. Ele jurou e vendeu o seu direito de primogenitura a Jacó. Deu, pois, Jacó a Esaú pão e o cozinhado de lentilhas; ele comeu e bebeu, levantou-se e saiu. Assim, desprezou Esaú o seu direito de primogenitura.*

Quem procura acha! Passou um tempo atrás uma minissérie, que Tarcísio Meira era uma espécie de trambiqueiro que dizia uma frase curiosa:

— "Tem gente que o seu único prazer na vida é ser enganado, elas gostam de serem enganados, e nós nascemos para satisfazer o desejo dessa gente!"

Quem já não foi enganado? Meu pai passou uma situação curiosa e engraçada. Lá em Cubatão, saindo de uma perua do Baú da Felicidade parada na Avenida 9 de Abril, alguém ofereceu um carnê premiado e .... Ele comprou... Caiu nessa! Quando ele leu o carnê depois de alguns segundos, no rodapé estava escrito:

"Só para trouxas". Ele correu na delegacia alguns metros, saíram atrás e por milagre encontraram a tal perua do baú com os trambiqueiros dentro, e meu pai recuperou todo o seu dinheiro!

Para cada desejo há uma oferta. Para cada tipo de sede há uma bebida, para cada tipo de fome há uma comida. V. 34. *Deu, pois, Jacó a Esaú pão e o cozinhado de lentilhas; ele comeu e bebeu.* Esaú tinha por direito a primogenitura, e era costume que o primogênito herdasse a maior parte e os melhores bens do pai e que fosse também o mandachuva da família. Interessante como na Bíblia os nomes dão sentido e significado à vida da pessoa. O que ela era e o que fazia, estava já profetizado no nome. Esaú era o primogênito e não faltava amor do seu pai nem habilidade pessoal, e isso o fazia ser seguro de si.

Ninguém gosta de apelidos, pois eles são uma forma de chocarrices ou adjetivos em relação a um marca física, da personalidade ou um episódio que inusitado. Jesus chamava seus discípulos às vezes por apelidos. Boanerges para João e Tiago – Filhos do trovão por serem explosivos. Aos fariseus de cobras, a Herodes de raposa. Você tem algum apelido que não gosta ou que gosta? Esaú recebeu um apelido por causa da sua vontade de ser enganado: Edom, que significa Vermelho. Você gostaria que seu apelido fosse por alguma besteira que você fez no passado. Todos os descendentes de Esaú são chamados Edomitas. Os vermelhos. Por quê? Porque a sua vergonha era ter vendido seu maior tesouro por uma comida vermelha. Seus filhos, netos e toda a sua descendência recebiam gozações por causa disso. Jacó tinha em seu nome a expressão do que ele fazia: enganador, usurpador! Mas para cada Jacó há um Labão. Ou seja, para cada fome há uma comida, para cada sede uma bebida e para cada desejo uma oferta para saciá-la!

Valorizar o momento, o instante, o já, o agora! Foi o que Esaú fez, e é o que se faz. O diabo está atento a alimentar desejo de quem quer ser enganado. Lembre-se, para cada desejo há uma oferta! O preço é sempre algo que está no futuro, como as promessas para aquele que se santificar de um casamento com um homem ou mulher de Deus. No futuro estão o seu direito à primogenitura, a unção de Deus, as bênçãos ministeriais, a casa própria, os filhos convertidos. Mas aí você pode dizer: do que me adianta o direito à primogenitura agora, se estou morrendo de fome?

Quando você aceita o prato de lentilha, você faz um juramento. Todo o seu futuro está comprometido com uma marca: a do prato de lentilhas. A única forma de esse juramento, esse contrato ser quebrado é você correr pra Deus e dizer: Socorre-me Senhor, eu quero de volta meu direito à primogenitura! O que há de diferente do versículo 30: *"e lhe disse: Peço-te que me deixes comer um pouco desse cozinhado vermelho, pois estou esmorecido. Daí chamar-se Edom."*

"O pão!" O diabo não deixa de oferecer um "pãozinho" junto com seu "guisadinho"! É o tal "plus", "bônus". Ele diz:

— Se você não for à igreja hoje, além de você alimentar sua preguiça, eu lhe dou uma boa desculpa para você dizer depois!

— Se você "ficar" hoje, eu lhe dou bastante excitação e depois dou uma lembrança para você se sentir acusado do pecado.

— Se você negar seu direito às promessas, eu lhe dou um prazer imediato e um remorso para lembrar-se da oportunidade que você perdeu.

Judas comeu um pãozinho desse no dia da traição.

João 13.26-27: *Respondeu Jesus: É aquele a quem eu der o pedaço de pão molhado. Tomou, pois, um pedaço de pão e, tendo-o molhado, deu-o a Judas, filho de Simão Iscariotes. E, após o bocado, imediatamente, entrou nele Satanás.*

Ainda há tempo para negar o guisado! E há uma oportunidade para recuperar a primogenitura do louvor e da adoração.

Conforme o modelo que foi mostrado no monte. Deus aceita o louvor e a adoração no patamar de "excelentes" ou "excelência", no entanto o "perfeito" vem antes.

Perguntas e Tarefas

- O que você entendeu sobre excelência e perfeição?
- Qual área da sua vida ainda está a desejar aquilo que Deus espera?
- O que você poderia fazer agora para mudar isso?
- O seu louvor e adoração são perfeitos?
- Quando eles não são perfeitos?
- A perfeição que Jesus reivindica para nós é um mandamento ou é facultativo?
- Como posso apresentar um louvor e adoração perfeitos para Deus?
- O que devo valorizar e o que devo desprezar para que minha vida seja perfeita para Deus?
- Quais desconfortos você sentiu ao falar sobre o assunto? Tem alguma colocação teológica que você discorda do que foi exposto? Escreva e compare.
- Qual o louvor que Deus espera? O que vem do monte ou o que nasce da interpretação humana?

Qual voz, que ouvimos deve nos orientar?

Qual o recurso é oferecido por Deus para desempenhar a função de ministros de louvor ou de músico? O que Deus está fazendo quando se enfrenta dificuldades na direção de um ministério? Como haverá orientação sobre uma disparidade? *Pois todos os que são guiados pelo Espírito de Deus são filhos de Deus.* Romanos 8:14.

Quando a grana está curta, quando se está encrencados? Quando o ministério de louvor está uma bagunça? Quando não se consegue acertar as coisas? Ele não está alheio ao que se está passando. Ele sente o que cada um sente, sofre o que se sofre, e luta para sair do problema. Deus, através do Seu Espírito, está guiando cada um, isto é, se sou seu filho. *O próprio Espírito testifica com o nosso espírito que somos filhos de Deus.* Romanos 8:16. Todo o filho se parece com o pai. Você se parece com seu Deus? Não é a aparência que se imagina, mas seu caráter. *Assim também o Espírito de Deus vem nos ajudar na nossa fraqueza. Pois não sabemos como devemos orar, mas o Espírito de Deus, com gemidos que não podem ser explicados por palavras, pede a Deus em nosso favor.* Romanos 8:26.

O Espírito Santo geme intercedendo por cada um, ou seja, Deus está torcendo para que tudo dê certo no seu ministério. Gemidos divinos? Se Deus geme, por que também não se deve gemer? Na adoração, há liberdade de gritar se o Espírito levar a isso, gemer, cair ao chão, subir na parede, rolar no solo, buscar a Deus como o reflexo do mundo invisível que revela o Espírito Santo gemendo.

Um estudo que me ensinou sobre orientação foi; "Como ser guiado pelo Espírito de Deus" de Kenneth E. Hagain e é um pouco que pratiquei e quero transmitir-lhe juntamente com minha experiência com Deus. Quantos ministros se vê com dificuldades de dirigir um período de louvor porque não lhes foi ensinado como saber quando é o Espírito Santo quem está falando ou outra voz. Os filhos de Deus têm essa promessa, que é a de serem guiados pelo Espírito de Deus. *O espírito do homem é a lâmpada do Senhor, a qual esquadrinha todo o mais íntimo do ser.* Provérbios 20:27. Lâmpada nesse texto é uma de azeite, hoje, a elétrica, a incandescente, a fluorescente, a fria etc. Isso significa que Deus nos iluminará, Ele nos guiará, e isso acontecerá através do nosso espírito. Deus toca no espírito do homem para orientá-lo e conduzi-lo.

O problema é quando se julga essa orientação baseado em como sentidos físicos, cogitações mentais e imaginações descrevem. Com assiduidade, analisa-se as coisas de um ponto de vista intelectual e se esforça para entender as coisas espirituais. Isso é inútil. Em nenhum lugar da Bíblia diz que Deus nos guiará mediante a nossa mentalidade ou raciocínio. A Bíblia não diz que a mente do homem é a lâmpada do Senhor, mas seu próprio espírito, que Deus colocou no homem é a lâmpada. Deve-se tomar cuidado ao buscar orientação por meios que não são aprovados e atestados por Deus. Deus não colocou o ministério profético na igreja para orientar a igreja no Novo Testamento? Veja isso em Efésios 4. *"Foi ele quem 'deu dons às pessoas'. Ele escolheu alguns para serem apóstolos, outros para profetas, outros para evangelistas e ainda outros para pastores e mestres da Igreja. Ele fez isso para preparar o povo de Deus para o serviço cristão, a fim de construir o corpo de Cristo"*. Efésios. 4.11.12.

A palavra diz que todos os que são guiados pelo espírito de Deus são filhos de Deus (Romanos 4:14). Uma pessoa guiada pelo Espírito Santo não falaria do seu irmão, não deixaria de vir aos cultos por nada deste mundo, não deixaria de entregar o dízimo. Quando Deus toca na lâmpada do homem, este vai por caminho seguro, na fé, no sobrenatural, na obediência.

A Bíblia declara que há um espírito no homem que foi dado por Deus. *E o pó volte a terra como era e o espírito volte a Deus que o deu* Eclesiastes 12:7. Voltar a Deus não significa ir ao céu, mas ao mundo espiritual e invisível. Deus toca no espírito do homem para o guiar, como declara o texto de Provérbios 20:27 que diz: *O espírito do homem é a lâmpada do Senhor, a qual esquadrinha todo o mais íntimo do ser.*

Veja mais uma vez que em lugar nenhum da Bíblia está dito que Deus guiará cada um mediante sua mentalidade. A Bíblia não diz que a mente do homem é a lâmpada do Senhor, mas seu próprio espírito, que Deus colocou no homem, é a lâmpada. O ministério profético não foi colocado na igreja do Novo Testamento para guiar e sim para:

- edificá-la
- construí-la
- aperfeiçoá-la (Veja isso em Efésios 4:11-12)

Por isso que há ministros dirigindo o louvor totalmente perdidos. Eles não estão orientando o povo para a adoração. Estão andando pelo caminho da adoração sem saber para onde vão. As vozes que se ouve de quem são? Hoje no mundo há muitas vozes a serem ouvidas. O convite do consumismo faz você nunca ficar satisfeito com o que tem. A voz da idolatria, ter coisas no lugar de Deus. A voz das novelas e músicas e aquilo que muitas vezes o homem chama de cultura ou arte são armadilhas de Satanás para fazer você se sentir como um deus.

O próprio Espírito testifica com o nosso espírito que somos filhos de Deus. Romanos 8:16.

Veja que o testemunho de nossa adoção e salvação está por conta do contato do Espírito de Deus com o espírito humano. Em regra, quando se está bem, é porque se sente a presença de Deus, e se pensa estar cheio do Espírito Santo nessa hora. Quando não se sente bem, parece se ter perdido a presença de Deus, o equilíbrio espiritual e muito mais.

- O sentido é a voz do corpo. Emoções.
- A razão é a voz da mente. Intelecto.
- A consciência é a voz do espírito do homem. A voz interior que está em acordo com a palavra de Deus.

Mesmo que você não sinta nada, Deus está tocando no seu espírito, é claro, se você procurar ouvir a voz certa. A palavra "sentido" não é uma impressão física, mas sim espiritual. Quando estou tendo um pressentimento espiritual da Sua presença, eu digo sentir a presença de Deus. Você deseja ter mais do óleo de Deus na sua lâmpada?

Deus guia cada um tocando o espírito.

Digo a verdade em Cristo, não minto, testemunhando comigo, no Espírito Santo, a minha própria consciência. Romanos 9:1.

Esse é um testemunho interior. O homem interior, que é um homem espiritual, tem uma voz interior exatamente igual como o homem exterior, que é a voz da consciência. Essa voz é tranquila e suave. Seu espírito tem uma voz, e ele quer lhe falar.

Faça o seguinte: feche os seus olhos e ouça o seu espírito lhe falar que está sentindo falta da presença de Deus. A falta da casa de Deus. A falta do toque. A falta do abraço de Deus. A falta do colo de Deus. A falta da manifestação do Espírito Santo. A falta do fluir, do transbordar. A falta da comunhão.

Essa é a voz do homem regenerado. A carne também tem uma voz, que está sentindo falta do pecado:

- Da prostituição.
- Do vício.
- Da mentira.
- Da ausência na casa de Deus.
- Da retenção do dízimo.
- Da crítica.
- Dos pensamentos impuros.
- Da depressão.
- Da autocomiseração.
- De passar mais tempo com as coisas do mundo do que com as coisas de Deus.

A voz da lâmpada do Senhor é tranquila e suave, é do seu espírito regenerado, e ele está te falando... Das coisas de Deus, pois Deus está tocando nele.

Pensando Pedro naquela visão, disse-lhe o Espírito: Eis que três varões te buscam. Levanta-te, pois, e desce, e vai com eles, não duvidando; porque eu os enviei. Atos. 10:19-20.

Essa é a terceira maneira mais importante de ser orientado pelo Espírito Santo: a voz de Deus que fala.

A primeira é o testemunho íntimo,
A segunda é mediante a voz tranquila e suave interior.
A terceira é a voz de Deus que nos fala.

Há uma diferença entre a voz do testemunho interior do Espírito Santo que fala ao espírito. E aquela voz serena e suave do nosso próprio espírito que nos fala que é a voz da consciência. Romanos 9:1. A voz do Espírito Santo pode ser identificada como uma voz autoritária dentro de você, e para ouvi-la é preciso ter sensibilidade espiritual. O impulso é diferente, ele pode ser carnal, por isso aprenda a esperar. Esse é um método infalível. Espere até que aja confirmação do coração com a mente. Quando não há harmonia nesses sentidos, então não faça. A única forma para adquirir esta sensibilidade por meio da vida de Cristo, o governo dEle em todas as áreas de sua vida. Deus disse que o Espírito Santo guiaria vidas e não a mente ou sentidos humanos. O problema é quando se julga estar sob orientação com base em como os sentidos físicos, cogitações mentais e imaginações descrevem.

Enquanto um irmão quiser viver no pecado, Deus o deixará no pecado, mas se quiser ser transformado, Deus virá ao seu encontro. Enquanto o povo de Deus quiser viver ouvindo vozes ou por suas cogitações mentais, argumentos teológicos, dirigindo suas vidas e famílias, haverá pessoas derrotadas, famintas, descontentes, sofridas, feridas e prostradas. Enquanto você quiser que as coisas sejam assim, vão ficar assim! O pecado estará lá. O vício estará lá. O comodismo, a maledicência, a derrota...

Há, por exemplo, tanta espécie de vozes no mundo, e nenhuma delas é sem significação. 1 Coríntios 14:10.

Super dica do Jardim de Deus

Outra super dica para saber distinguir a voz de Deus é o exercício de discernir e voz de Deus no dia a dia. Existem tantas coisas corriqueiras no cotidiano que apesar de achar que poderia ser coisas sem importância, Deus ainda deseja dirigir cada um nessas coisas pequenas. Um exemplo são as situações em que se precisa de uma posição, tomar uma decisão. Durante o período de louvor, não é possível exercitar e aguçar o discernimento.

A percepção espiritual dos ambientes em que se passa durante os períodos de louvor é crucial para uma ministração efetivamente produtiva e com sucesso. O período de louvor embora seja uma escola é insuficiente para aprendermos a ouvir a voz do Espírito Santo. É preciso aproveitar o dia a dia para adquirir essa sensibilidade. Nas pequenas e nas grandes decisões, Deus fala com cada um, e apesar de desejar dar orientação, rejeita-se esse recurso infalível e mostra-se arredio com essa orientação.

O louvor e a adoração são como o Jardim do Éden, cheio de novidades que se desconhece. O Jardim do Éden não era um lugar irreal. Esse jardim era um lugar de verdade, não a descrição de um lugar simbólico. Adão foi criado em idade adulta mesmo assim era um recém-nascido. Então após a formação do homem Deus se apresentou.

– Olá! Seu nome é Adão e eu sou Deus, eu sou o criador de tudo o que você vê e também daquilo que você não vê, mas pode sentir, o ar, o calor, e do outro lugar onde moro, que é chamado de "mundo espiritual". Ele é invisível aos seus olhos. Ah! Inclusive criei você do barro.

Adão foi criado com consciência de sua existência, porém não havia nele conhecimento. Sua casa era uma reserva parecida com um parque florestal, lindo cheio de coisas incríveis e interessantes. Recém- chegado no jardim, Adão se depara com coisas jamais vistas, árvores de 20, 30, 40 metros. Deus o colocou num lugar deslumbrante, não havia somente árvores lá! Havia seres que voavam e que mergulhavam nos rios, e também seres grandes e que o faziam parecer pequenino! Ainda não havia um nome para eles. Deus começa a lhe apresentar a vida:

– Adão este teto azul é o céu. Vai ser legal você pular neste chão de água, chama-se rio! Esses bichos peludos parecidos com você, eles são muito brincalhões! Essa arvore dá um fruto gostoso... Quando verde, nada de comer! Quando está amarelinho... Veja que gostoso...

– Hum! É mesmo!

– Adão, às vezes de tão maduro elas caem do pé.

Adão estava muito agitado com novidade da vida, de existir, dos sons, dos cheiros...

– Argh! Deus que fruto ruim!

– Isso no chão não é fruto que caiu de maduro Adão! É sujeira de cavalo!

– Cavalo?

– É Adão, eu não estou querendo me gabar, mas eu já sei que você vai colocar neste animal o nome de cavalo!

É muito parecido com o relacionamento e descobertas que acontecem no louvor e na adoração. É como o Jardim do Éden cheio de novidades que infelizmente se ignora. No meio desse lugar maravilhoso, descreve o texto que Deus colocou duas árvores, a da *vida* e do *conhecimento do bem e do mal*. Deus estava usando as árvores como meios físicos para implementar realidades espirituais. A árvore da vida é associada à concessão da vida divina, incluindo a imortalidade. A árvore do "*conhecimento do bem e do mal"* representa a autonomia humana, independência, governo próprio à parte de Deus em todas as áreas da vida.

E aqui é a oficina, a escola para se aprender muitas coisas sobre louvor e adoração. O que restou depois da escolha errada de Adão e Eva? O que resta depois de uma escolha errada? Qual o resultado de uma direção equivocada no período de louvor e adoração? Uma árvore plantada foi o que restou. Não foi a da "vida", mas a da independência humana. O "conhecimento do bem e do mal " em cada um de nós.

Paulo escreve isso em Romanos 7.18-20. *Pois eu sei que aquilo que é bom não vive em mim, isto é, na minha natureza humana. Porque, mesmo tendo dentro de mim a vontade de fazer o bem, eu não consigo fazê-lo. Pois não faço o bem que quero, mas justamente o mal que não quero fazer é que eu faço. Mas, se faço o que não quero, já não sou eu quem faz isso, mas o pecado que vive em mim é que faz.*

Por favor, não me diga que estou sendo drástico! Louvor e adoração são coisas sérias. Embora haja regozijo e alegria no louvor, existe responsabilidade e ela traz seriedade. Essa árvore foi plantada num sentido figurado, mas seus frutos são bem consumidos.

- A raiz é a sede de poder.
- A autossuficiência é o tronco.
- Os galhos transmitem a seiva de que Deus está sempre privando e escondendo alguma coisa boa de você.
- Seus frutos com tenra e carnuda popa da insatisfação, do "tudo isso não é suficiente".

Essa árvore faz você ter a ideia satânica de que Deus sempre está ameaçando com a morte! Deus avisou Adão e não o ameaçou, e agora Deus está avisando você! A direção do louvor e da adoração pertence ao Espírito Santo. O perigo disso é a posição e o poder. O diabo ofereceu conhecimento para Eva, e Adão aceitou a ideia. Eu sempre digo que conhecimento é "poder". E muitas vezes não se está preparado para se ter esse "poder". O poder atrai o desejo de receber reconhecimento, que nada mais é do que receber a glória que somente pertence a Deus.

Quantos ministros não se sentem assim? Pensam que sem a sua liderança o louvor congregacional falhará. Estão infectados pelo fruto da árvore do conhecimento do bem e do mal. Deus deu o Jardim, mas Adão resolveu que queria também a árvore do conhecimento do bem e do mal. Curiosamente não avaliou que poderia ficar com a pior parte. E esses ministros de louvor e músicos fazem o mesmo. Deus lhes dá tantos dons, talentos, carreira e um campo para trabalhar e cuidar, o mesmo que fez com Adão. Deus entregou um Jardim para esses ministros, porém eles preferem a glória que é de Deus e infelizmente ficam com a pior parte, que é o salário do pecado. *O salário do pecado é a morte.* Romanos 6.23

Deus preocupado com a eternidade impediu o caminho do homem até a árvore da vida para que não ficasse no estado de pecado eternamente. Assim como Satanás, que teve sua natureza mudada por causa da sede de poder, autossuficiência e insatisfação. Afinal ser um querubim ungido e ministro de adoração no céu eternamente não era o que ele achava merecer. Por isso Deus resolveu habitar dentro daquele que O aceitar como conselheiro, como Senhor, como Dono.

Quando o Espírito Santo dirige, os passos são seguros e certos, primeiro no cotidiano, sim, ali, nas grandes, nas pequenas e nas insignificantes decisões. Se não se consegue obedecer nas insignificantes e nas pequenas decisões, o que o faz pensar que todos reagiriam positivamente nas médias e nas grandes decisões? Não seria absolutamente diferente. E na condução do louvor e da adoração, qual voz seria seguida? Com certeza, não seria a do Espírito Santo. Se no dia a dia há dificuldades em ouvir, também não se saberá ouvir no período de louvor. Se há problemas em obedecer à voz do Espírito Santo no cotidiano, igualmente se rejeitaria em obedecê-lo no período de adoração e seguiria outro caminho, o próprio caminho e direção.

Imagine este nível de relacionamento – Entre Deus e o homem, entre você e Deus em seu cotidiano.

– Isso é bom, Senhor?

– Sim, filho, isso é um bom fruto para se comer.

– Este é um bom lugar para ir, Senhor?

– Sim, filho!

– Ficar em casa em dia de culto é uma boa ideia, Senhor!

– Não, filho, uma péssima ideia, assim sua vida espiritual vai acabar!

– Posso usar o dízimo para pagar minhas contas, Senhor?

– Precisa de resposta, filho?

– O Senhor não mudou de ideia com relação àquele relacionamento?

– Filho, ela serve a outro deus!

– Mas Senhor? Ela é tão boazinha!

– É a sua escolha, filho, você já sabe como será o seu futuro.

Imagine agora dentro do louvor e adoração – Um diálogo entre o Espírito Santo e o ministro de louvor.

– Espírito Santo, como vai ser hoje?

– Comece de onde você está espiritualmente...

— Senhor, eu vim aqui para muitas coisas, para receber e eu preciso fazer algo para fortalecer a minha intimidade contigo e o povo está aqui também para te ver, sentir e chegar mais perto de Ti.

— Filho, comece com uma sequência de acordes em "C9, G/C, F/C, G/C" e repita isso serenamente que eu vou me aproximar dos corações a fim de perceberem a minha presença aqui.

— Senhor, "C7M" não ficaria mais doce o som do que o "C9"?

— Não, filho, eu quero despertar o espírito das pessoas aqui, use o C9 que dá uma característica mais brilhante!

— Ok, Senhor...

— Continue assim...

— Eu estou sentindo forte a Tua presença aqui, Senhor!

— E sentirás muito mais, filho!

— Prossiga assim, filho... Agora eu colocarei em sua boca uma melodia com a letra daquele salmo que você leu hoje de manhã que diz: *Oh provai, e vede que o Senhor é bom; sim, bem-aventurado é todo aquele que confia no Senhor.* Cante agora....

— Espírito Santo, eu vou improvisar a melodia sozinho?

— Eu vou fazer com que aqueles que estão sensíveis ao meu toque harmonizem com a sua melodia.

— Senhor, agora eu estou mais seguro sabendo disso.

— Filho, depois desse cântico comece com o coro daquele hino; "Então minha alma canta a ti Senhor!" em "C" mesmo. Na segunda vez, module para "D" e eu vou dar um toque para fazer outra modulação de "E/D" direto para "A" e comece a cantar aquele cântico que dei para o Daniel Souza; "Declaramos que aqui, reina a glória do Senhor".

— Espírito Santo... Vamos começar agora a cantar aqueles que estão na moda, esses aí já estão muito batidos!

— Filho! Essa é a diferença entre os meus pensamentos e os seus pensamentos! Um cântico novo vai ser depois desses!

Apesar da consciência de nossa existência, não há o conhecimento do que é bom ou para a igreja. O louvor e a adoração são como o Jardim do Éden. A Igreja está caminhando para um jardim que Deus preparou. Tudo o que se fizer será perguntado para Ele, que dará o caminho certo para realmente tudo o que vai ser feito. Dento e fora da igreja. Jamais pode-se levar o povo a um lugar que nunca se foi. Não se pode influenciar se não se for primeiro influenciado. Não se pode acertar se não se pergunta:

— É bom, Senhor?

E fazer o que Deus orientou mesmo que aquilo pareça absurdo.

Não só na igreja, mas os crentes também serão abençoados. Porque nos ares espirituais serão liberadas as bênçãos pedidas a Ele. Não todas, porque são muitas e não se saberia ainda lidar com elas. O Jardim do louvor e da adoração é tão grande que seria preciso tempo para explorá-lo. Bem que são inesgotáveis as novidades desse Jardim. Com calma, pedindo ajuda para qual caminho se deve ir e se submetendo ao que o Espírito Santo ordenar, a expedição chegará ao sucesso. Em vez de desejar "*árvores do conhecimento do bem e do mal*" que existem por aí. Essa é uma péssima ideia e isso já foi comprovado.

Os "detalhes" de como dirigir o louvor podem ser estudados no livro *O ofício do adorador* que escrevi há algum tempo.

Perguntas e Tarefas

- Você conseguiria memorizar o texto de Romanos 8:14?
Pois todos os que são guiados pelo Espírito de Deus são filhos de Deus.

- Qual parte de do ser Deus manifesta a promessa da orientação?

- Da forma que foi exposto neste capítulo, como posso ser orientado durante a direção do louvor congregacional?

- Quais tarefas posso praticar com o objetivo de aprender ouvir e identificar a voz de Deus?

- Quais impedimentos poderão calar a orientação de Deus?

- Como devo agir depois de perceber a direção dada pelo Espírito Santo?

- Eu faço o que afirmei acima?

Como reagir ao chamado de Deus para que o louvor seja novo, com arte e vivo?

Se você não age, algo está errado na sua vida. Quando Deus se revela uma reação se estabelece, e isso que é a adoração. O louvor e a adoração são reações a revelações recebidas. O louvor e a adoração devem resultar em serviço. Tudo o que o Pai ama começo também a amar. Se você for fiel no "pouco" problema, Deus vai colocá-lo no "muito" problema. Trabalho gera mais trabalho é sempre assim, e isso é uma bênção. O resultado do trabalho feito com qualidade gera mais trabalho. À medida que o evangelho do Reino avança, aquilo que não é luz é revelado como treva e isso cria problemas. Desafios que o ministério enfrenta com tudo isso, você provavelmente também enfrentará. Quando a missão desenvolve, há desafios e oportunidades. O evangelho quando avança acusa as trevas. Ele gera tensão interna e externa e tudo o parece luz é revelada como treva. Cada um de nós representa um universo de relações de potencialidades e possíveis tensões que vêm para dentro do ministério. Isso exige muita maturidade para gerenciar essa tensão. Se você é fiel no "pouco" problema será posto por "muito" problema.

Em Atos 11:20, há um fato ocorrido no início da igreja.

E havia entre eles alguns homens cíprios e cirenenses, os quais entrando em Antioquia falaram aos gregos, anunciando o Senhor Jesus.

Lucas é historiador e médico treinado para atentar aos detalhes. Ele inicia a descrição do esforço daqueles cristãos no avanço do reino: *alguns homens cíprios e cirenenses*. Alguns de Chipre... O texto não diz: os "superpoderosos diáconos", pastores e lideres de Jerusalém foram e anunciaram. Essa obra foi feita por anônimos. O texto diz que muitos creram porque os anônimos pregaram. Eles saem embaixo de circunstâncias adversas. E no nosso ministério de louvor há os anônimos que muitas vezes trabalham além daqueles que estão debaixo dos refletores. E para resolver conflitos e responder ao chamado de Deus para que o louvor e a adoração sejam o que Deus planejou para essas ferramentas, é preciso entender o funcionamento da igreja que é a base onde todos os ministérios surgem. E apesar da modernidade e dos desdobramentos da evolução das pessoas, instituições, pensamentos e opiniões, não se deve esquecer que existe uma base. Se ela não fosse importante, Jesus não a teria criado.

A igreja tem dois movimentos que podem ser explicados numa metáfora: "Sanfona". A igreja tem dois movimentos; "Eclésia"= juntos e "Diáspora" = aberto, espalhado, disperso.

Às vezes, se está acostumado a ser a igreja Juntos. = Eclésia, mas não sabe ser Diáspora = aberto na dispersão. Durante a semana; na segunda, terça. Na escola, com os vizinhos, no trabalho e na praia. Na empresa etc. No contexto, percebe-se que os discípulos começam a sair da comodidade por causa dos problemas em Jerusalém, e começam a vencer barreiras e fronteiras.

E os que foram dispersos pela perseguição que sucedeu por causa de Estêvão caminharam até à Fenícia, Chipre e Antioquia, não anunciando a ninguém a palavra, senão somente aos judeus Atos 11:19. Foram dispersos (diáspora/greg)... espalharam (dierchomai = passar pela rota que leva a um lugar)... Fenícia, Chipre e Antioquia. *O qual, quando chegou, e viu a graça de Deus, se alegrou, e exortou a todos a que permanecessem no Senhor, com propósito de coração; Porque era homem de bem e cheio do Espírito Santo e de fé. E muita gente se uniu ao Senhor. E partiu Barnabé para Tarso, a buscar Saulo; e, achando-o, o conduziu para Antioquia.* Atos 11:23-25.

Inovação e Continuidade. Barnabé buscou no futuro os recursos para aquele momento novo. Ele não voltou para Jerusalém. Saulo foi formado numa família multicultural, culto, piedoso, homem de muitas esferas, diferente. O que trouxe você até aqui nem sempre leva para até ali. Às vezes, existe o medo de mexer no time que está ganhando. É o mesmo Espírito, mas a estratégia será outra. Aplicação prática para descobrir qual é o dom que eu tenho para este momento. A igreja atravessou um momento de buscar recursos novos em quem não tinha vícios de religiosidade. E o momento histórico pode ser o inverso. Buscar a segurança naqueles que têm raízes, a fim de não comprometer o futuro do louvor e da adoração. E também buscar recurso no "novo" que pode ser ensinado com os princípios inegociáveis, a fim de contribuir com ideias novas, frutos da inspiração do Espírito Santo.

Olhe ao seu redor (simbolicamente, continue com os olhos no livro) e veja quantos desafios existem para serem vencidos. Se Deus é chamado de Senhor dos Exércitos é porque existe um exército. Deus espera que os seus soldados estejam preparados para vitória. E não há vitórias sem batalhas, não há triunfo sem uma guerra. Você não precisa começar uma guerra, ela já existe e você já está participando dela. A pergunta que eu faço é a seguinte: Você está no seu posto? Será que você não sabe qual é seu posto? Será que você está exercendo a função de oficial, sendo um soldado ou sendo um soldado com qualificação de oficial? Isso causa uma perturbação. Perturbado, pergunta: Qual será o meu dom? Preciso fazer um teste? Antigamente usavam questionários. 50% Misericórdia; 30% Ensino; 60% Pastor. Esqueça isso! Há uma forma mais simples para saber qual o seu posto!

1º. Passo. Abra os seus olhos e preste atenção naquilo que você vê! Você descobrirá uma série de desafios e necessidades que somente você viu e ninguém mais a viu.

2º. Passo. Pergunte: Senhor, por que só eu vi aquela necessidade e ninguém mais viu?

Será que eu sou tão bom assim? Eu sou bom mesmo! Eu tenho a visão "Thunder Cats" além do alcance? Ou talvez o Senhor me fez sensível a essa necessidade para que eu seja parte da resposta de oração? Você então responde àquele desafio e àquela necessidade.

Alguém verá você arrumando as cadeiras na igreja e vai dizer:

– Como você consegue arrumar as cadeiras assim todas alinhadas? Ou:

– Nossa! Como você consegue limpar o banheiro tão caprichado? Ou:

– Hoje foi o melhor louvor da minha vida! Como você trouxe a presença de Deus aqui!

Então a igreja confirma o seu dom! A igreja de Jerusalém mostra o padrão de como responder a responsabilidade. Qual a responsabilidade de Jerusalém?

E chegou a fama destas coisas aos ouvidos da igreja que estava em Jerusalém; e enviaram Barnabé a Antioquia. Atos 11:22.

A igreja ouviu as notícias e a necessidade, pegou um de seus melhores líderes, maduro e conhecedor de como lidar com seus dons, e enviou para Antioquia. Quando você receber visita de alguém enviado pelo pastor, diácono ou líder é resposta de oração. Esse livro é resposta de oração. Eu ouvi o Espírito Santo, coloquei meu coração nas mãos de Deus e escrevi. Esse é o padrão. Como você tem reagido àquilo que ouve? Jerusalém ouviu de Antioquia e enviou. Antioquia ouviu de Jerusalém e enviou Barnabé de volta. Como você reage ao momento em que se fala das necessidades para o avanço do Reino? As igrejas avançavam debaixo de circunstâncias adversas. "Pressão Interna e Circunstâncias Adversas." *Foste fiel no pouco problema no muito problema te colocarei.* Mateus 25:22. As pessoas reagem melhor a desafios e não as necessidades. Não ofereça em sua igreja trabalho em ministério como se fosse uma cruz. Não é uma cruz! É um "privilégio" estar ligado às coisas de Deus. Apresente os objetivos do ministério como desafios, pois eles são verdadeiros desafios. Algumas tarefas são para educar e experimentar, e outras, para lapidar e preparar.

Oração: Deus me faz capaz de agir ao meu chamado e através do que estou ouvindo do teu Espírito Santo.

RECONHEÇA A PATERNIDADE ESPIRITUAL

Se o meu filho receber cinquenta reais de um irmão isso não o faz pai do meu filho. Não é para o meu filho chamá-lo pai, isso não o faz pai do meu filho! Eu sei o potencial do meu filho e sou a pessoa mais capaz de ver suas limitações e as suas potencialidades. Embora tenha dificuldades de ajudá-lo em tudo o que ele precisa para desenvolver seus talentos e dons eu sou a pessoa que mais deseja seu sucesso. Nesse processo surgem os "contrabandistas e traficantes de filhos espirituais" que prometem a realização do sonho e prosperidade se aceitarem a sua proposta. Começa com um sentimento de oportunidade, o filho pensa ser ali a porta da realização do seu sonho e começa a olhar o traficante de filhos espirituais como um empresário de futebol – muito dinheiro em pouco tempo – ele não é a resposta de oração. Mas um aliciador do inferno que semeia a rebelião nos corações dos filhos espirituais. Pouco a pouco, os filhos começam a se rebelar contra seus pais espirituais questionando conselhos e posições.

Se o diabo aparecer de chifre, com um forcado na mão e cheirando enxofre, você saberá de quem se trata e usará tudo o que aprendeu com o seu pai espiritual para se livrar desse bicho. Entretanto, se o diabo se apresentar como uma pessoa agradável, informada, conhecedora da palavra, cheia de ideias revolucionárias que prometem pôr fogo na vida espiritual e romper com ritos e tradições infrutíferas, você o chamará de Sr. Avivamento. Esse será o seu próximo pai, padrinho, mentor e conselheiro. Uma grande oportunidade para Satanás afastar você dos princípios do louvor e da adoração. Isso também pode acontecer com uma proposta de trabalho, de ministério de visão ou convite para um novo momento da sua vida. Deus nunca ensina romper com seu pai. Ao contrário, Ele ordena honrar pai e mãe. E todos têm pais e mães espirituais que devem ser respeitados e honrados. Deus não nos deixa órfãos, Ele usa pessoas, Deus usa o seu pastor, o seu discipulador ou o seu líder.

Um pai jamais tentará sufocar os dons e talentos do seu filho, se ele o ama, ele poderá ver cumprido muitos sonhos na vida do seu filho e netos que vierem. Um pai amoroso deverá prover tudo o que estiver disponível para que seus filhos espirituais sejam maiores do que ele. Os "bens" e o "nome" de um pai ficarão como herança para os seus filhos. Um verdadeiro pai deixará herança para os seus filhos espirituais. Um pai amoroso e verdadeiro deixará seu filho ir quando for a hora, sem medo, pois é assim que deve ser. E por onde aquele filho passar espalhará o bom nome do seu pai espiritual dando honra e sendo grato por tudo o que aprendeu e recebeu como investimento. E sempre voltará para visitá-lo e contar as bênçãos que tem recebido e as boas sementes que tem plantado por onde Deus o levou. Um bom filho nem sempre volta à casa do pai. Isso não se aplica aos filhos que saem debaixo da bênção. Não se pode esperar que todos os filhos fiquem para sempre conosco. Alguns sim outros não.

Alguns filhos são envenenados com promessas e propostas, apelos e convites do mundo. O "mundo" aqui não é o "mundo secular" e sim o "mundo evangélico" que está cheio de aproveitadores e aliciadores. São os pescadores de aquário, feirantes de dons, gente atrás de satisfazer seus sonhos pessoais usando a igreja em vez de amá-la e protegê-la. É melhor viver na pressão do que ceder a ela. Não existe caminho fácil no evangelho e em um ministério de louvor e adoração existe pressão de santidade, de companheirismo, de qualificação, de compromisso, de submissão. Não é fácil, mas é seguro. A melhor forma de você saber se está reagindo ao chamado de Deus é provando seus frutos. Se você não está gerando frutos, então há algo errado. Atente que, para gerar frutos, antes é preciso plantar sementes, e até nascer uma árvore e chegar ao estágio de frutificar, ou seja, que esteja pronta para dar frutos observa-se um tempo para isso acontecer. Há árvores que dão frutos rápido outras demoram mais tempo.

Alguém tem que mandar e outro obedecer

Alguém precisa obedecer alguém. Essa é a forma mais segura de proteger a visão. Observa-se isso em Jesus. Até para ministrar na casa de Deus, é preciso respeitar a hierarquia. Veja em Mateus 3.13-17 *"cumpra toda a justiça".*

Jesus recebeu cobertura para ministrar. Jesus não podia ensinar no templo, pois ele era da tribo de Judá. João sim poderia, pois era da tribo de Levi: Filho do Sacerdote Zacarias Lucas 1:5. Mas ali recebeu cobertura para isso. Quantas igrejas recebem cantores em rebeldia com seu lideres achando que tudo está bem. E a maldição da rebeldia contamina a igreja em vez de edificá-la. Não precisa ser membro de uma grande igreja, o que precisa é somente ter um ninho. Mesmo que pequeno, mas é um ninho. São pessoas a quem se possam prestar contas e mutuamente se ajustarem.

Em um lar até o marido deve obedecer à esposa. Quando uma esposa presente e submissa reclama sua participação e voz dentro do seu lar, ela deve ser ouvida. Não há relacionamento que dure quando um marido é um ditador. Neste lar, haverá muita dor e frustrações. Um marido saberá quando sua esposa o alerta sobre uma conta que não deve ser feita, e ele saberá obedecer e não fazer essa dívida. Algo que eu aprendi no meu casamento, é que preciso saber a hora e a circunstância de obedecer minha esposa. Um marido que não consegue estabelecer essa harmonia está perdendo uma vida muita mais feliz. Você deve saber que o humor do lar está nas mãos da esposa. Uma esposa carrancuda tem por traz um marido que não conseguiu dominar o ímpeto do mau humor na vida da esposa. Talvez seja porque sua esposa não tem voz dentro do seu próprio lar. Somente ouvi-la não a fará feliz, talvez seja preciso que ela veja que sua casa tem um pouco da decoração que ela desejar. Em um ministério, o ambiente agradável e ameno e de cooperação se faz com boa vontade e quando o líder sabe obedecer aos seus liderados. Deus usa esses liderados para impedir passos errados. Um bom líder saberá quando ouvir a voz dos seus liderados. Mas lembre-se! Quem vai responder diante de Deus será o líder por suas ações ou por falta delas.

A solidão é contra o pensamento de Deus, Deus viu o homem no jardim e disse: *"não é bom que o homem esteja só"*. Gênesis 2:18

Devemos rejeitar essa vontade. Veja que todos os homens de Deus precisaram de alguém:

Êxodo 18:14 *Vendo, pois, o sogro de Moisés tudo o que ele fazia ao povo, disse: Que é isto que fazes ao povo? Por que te assentas só, e todo o povo está em pé diante de ti, desde a manhã até ao pôr-do-sol?*

1 Reis 19:13-18 *Ouvindo-o Elias, envolveu o rosto no seu manto e, saindo, pôs-se à entrada da caverna. Eis que lhe veio uma voz e lhe disse: Que fazes aqui, Elias? Ele respondeu: Tenho sido em extremo zeloso pelo Senhor, Deus dos Exércitos, porque os filhos de Israel deixaram a tua aliança, derribaram os teus altares e mataram os teus profetas à espada; e eu fiquei só, e procuram tirar-me a vida. Disse-lhe o Senhor: Vai, volta ao teu caminho para o deserto de Damasco e, em chegando lá, unge a Hazael rei sobre a Síria. A Jeú, filho de Ninsi, ungirás rei sobre Israel e também Eliseu, filho de Safate, de Abel-Meolá, ungirás profeta em teu lugar. Quem escapar à espada de Hazael, Jeú o matará; quem escapar à espada de Jeú, Eliseu o matará. Também conservei em Israel sete mil, todos os joelhos que não se dobraram a Baal, e toda boca que o não beijou.*

Marcos 14:32-33 *Então, foram a um lugar chamado Getsêmani; ali chegados, disse Jesus a seus discípulos: Assentai-vos aqui, enquanto eu vou orar. E, levando consigo a Pedro, Tiago e João, começou a sentir-se tomado de pavor e de angústia.*

Um pensamento antagônico me ocorreu agora ao lembrar-me de um ditado que diz assim: "É melhor só do que mal acompanhado". Esse ditado saiu da Bíblia veja.

Amós 3:3 *Andarão dois juntos, se não houver entre eles acordo?*

Gênesis 13:8 *Disse Abrão a Ló: Não haja contenda entre mim e ti e entre os meus pastores e os teus pastores, porque somos parentes chegados.*

Liderar, amar e servir

Liderar – Os seus liderados devem se sentir animados a se submeterem à sua liderança. Um líder que não sabe ouvir terá muitas aflições em seu ministério. Um líder não é uma pessoa ausente na vida particular dos seus liderados. Ali se faz as maiores alianças. É no dia a dia que se fortalece os laços de amor, um líder ideal não é uma pessoa sem defeito. Todos têm defeitos. Um líder ideal é aquele que tem sensibilidade para ajudar as pessoas a liberar seu potencial. E nesse processo haverá dezenas de situações que aparentarão impossíveis de serem traspostas. O fator humano é imprevisível, lidar com pessoas demanda energia, e abundante energia.

Amar – Amar é... Lembra disso? Somente os mais antigos. Amar é ser suporte até que seu liderado consiga andar sozinho. Alguns casos podem se revelar perda de tempo. Tem gente que não quer ser ajudado e está no ministério só para causar prejuízo para o grupo. É preciso aprender e ter coragem para convidar essa pessoa a sair do ministério. Isso é raro, contudo isso é amor que cuida, ampara e protege outros do grupo. Você não vai afundar o seu navio só porque quer ajudar um Jonas. Deixe Deus tratar dele, não se meta! Pode jogar no mar, que Deus já preparou um peixe para levá-lo onde ele tem que estar. O amor também é estável. O amor é ensinar que dar é melhor do que receber. Faça uma analogia de 1 Coríntios 13 com o grupo de louvor ou somente você.

É melhor serem dois do que um. Esse é um texto maravilhoso. Melhor é serem dois do que um, porque têm melhor paga do seu trabalho. Porque, se um cair, o outro levanta o seu companheiro; mas ai do que estiver só; pois, caindo, não haverá outro que o levante. Também se dois dormirem juntos, eles se aquentarão; mas um só como se aquentará? Se alguém quiser prevalecer contra um, os dois lhe resistirão; o cordão de três dobras não se rebenta com facilidade. Eclesiastes 4.9-12.

Três adversidades inevitáveis que se enfrenta.

1º. Queda – Qual de nós, pobres mortais, não lambeu a pó do chão depois de um forte golpe? Na maioria das vezes, nós mesmos causamos a queda. Não é difícil cair, é mais fácil cair do que ficar de pé. Quedas são inevitáveis quando se anda na margem da fé, desejando andar com Deus e de braços dado com o diabo, ou quando uma pequena área da vida ainda não foi dominada pelo Espírito de Deus. Isso já é o suficiente para se cair e experimentar o gosto do pó da terra. Prostrado, humilhado, contrito, abatido, vencido.

2º. Frieza – Isso é mais fácil ainda! Nossa natureza carnal nega ser dominada e leva pensamentos e argumentações a nossa mente todas as vezes que se sente que seguir a Cristo é preciso esforço. Quantas vezes você forjou uma desculpa para se convencer a não ir ao culto, dar o dízimo, jejuar, orar, vigília, abraçar um serviço no ministério, ajudar um irmão etc. Eu conheço tantas desculpas que dá pra escrever a "Enciclopédia do Embaçado". Embaçado é uma gíria referente a pessoas que são... Embaçadas! Para tudo elas têm uma desculpa. Não vou descrever nenhuma. Se você for alguém assim, então fique só com aquelas que você habilidosamente já desenvolveu, que já são suficiente para você fazer inveja ao gelo.

3º. Ser dominado, refém de sentimentos de ódio, ressentimento, dívidas, palavras etc. – Isso é dolorido. Quantos não experimentam hoje o cativeiro espiritual e emocional? Quantas úlceras, dores de cabeças, cânceres e envelhecimentos se adquire sendo refém de sentimentos que estão dentro de cada um, como o ódio por alguém, sentimento de paixão descontrolada, ressentimento, mágoas e dívidas.

Veja o lado positivo dessas mesmas ideias. Prostrar-se diante Deus é diferente do que perante os problemas. Eu me prostro, me humilho, e humilhado o meu espírito, deixo Deus me abater e dominar as minhas vontades. Quero e deixo ser vencido pelo Espírito Santo. Eu desejo me humilhar diante de Deus.

Humilhai-vos, pois, debaixo da potente mão de Deus, para que, a seu tempo, vos exalte 1 Pedro 5:6.

Às vezes, humilhar-se também é amar. São essas as atitudes que Deus valoriza no homem.

Os sacrifícios para Deus são o espírito quebrantado; a um coração quebrantado e contrito não desprezarás, ó Deus Salmos 51:17.

A estratégia de uma vida a dois foi o que eu e minha esposa profetizamos em nosso casamento, e isso está neste texto estrategicamente colocado no convite do nosso casamento:

V.9 *Melhor é serem dois do que um, porque têm melhor paga* (retribuição, recompensa) *do seu trabalho.*

Impressione-se com esta parte do texto de Eclesiastes 4.9-12. *Porque, se um cair, o outro levanta o seu companheiro; mas ai do que estiver só; pois, caindo, não haverá outro que o levante.*

É mais fácil levantar com um apoio. Lembre-se de quantas situações você enfrentou e que alguém foi seu apoio, suporte. Alguém que realmente o amou. E também de quantas situações em que você foi o suporte para alguém.

Também se dois dormirem juntos, eles se aquentarão; mas um só como se aquentará? Eclesiastes. 4.11.

Essas são as adversidades que se supõe que nunca se vai enfrentar, a "Frieza do amor", "Frieza da fé da esperança e das promessas". "A Frieza da amizade". Bem que o reino de Deus não é feito por "amigos", mas por "homens e mulheres de Deus", mas isso influencia negativamente. Dificilmente, os dois se esfriam juntos. Se isso acontecer, é o resultado de muita negligência.

Quem é negligente na sua obra já é irmão do destruidor. Provérbios 18:9.

É difícil um grupo inteiro se esfriar. Outra adversidade inevitável é a de "alguém ambicionar prevalecer contra você. " O cordão de três dobras! "Você", seus "liderados ou líder" e "Deus"! Ou junto de pessoas com o "mesmo" espírito, disposição, objetivo e o mesmo Deus!

Se alguém quiser prevalecer contra um, os dois lhe resistirão; o cordão de três dobras não se arrebenta com facilidade. Eclesiastes 4.12.

Devo rejeitar essa sugestão do diabo de andar sozinho. Solicitude é ótimo para ouvir a Deus e reavaliar atitudes, mas sozinhos não é uma boa ideia. Sozinho não poderei desenvolver o maior dom. O amor!

Servir – Um líder que não coloca suas habilidades a serviço dos seus liderados pouco ou nada conseguirá em seu ministério pessoal. Naturalmente as pessoas se afastarão dele pela posição tomada. O que eu aprendi no meu ministério pessoal é que quanto mais eu sirvo mais autoridade tenho. Quando eu me disponho a ajudar e a mostrar o padrão, receberei a admiração que é o elemento motriz que fará os liderados confiarem na minha liderança.

Se você não é um líder ou um pastor sentirá que Deus também exige de você esse serviço com dedicação. O serviço trata o pecado e reorganiza os valores e as prioridades. Servir não é um fardo ou uma ocupação inferior. Servir é um privilégio, é uma honra! O verdadeiro adorador sabe servir. Ele se oferece voluntariamente.

Perguntas e Tarefas

- Quando Deus revela algo relacionado a Sua existência, qual seria a reação esperada?
- Sua adoração é classificada Eclésia ou Diáspora? Como você pode equilibrar isso?
- Há dois passos simples para saber qual o seu posto: quais são?
- Anote dois pontos na sua igreja em que as necessidades se encaixam na habilidade que você apresenta.
- Como você poderá responder a esses desafios? Dê prazos para começar e terminar.
- Como você vê a questão da obediência abordada aqui neste capítulo?
- Como você reage à queda e à frieza, e quando um pecado o cativa?
- Amar, liderar ou servir? Onde está o seu chamado? E como você está reagindo a eles? Peça para o seu líder ajudá-lo nisso.
- O chamado de Deus é que o louvor seja novo, com arte e vivo. O que falta para que o seu louvor corresponda a cada parte desses princípios? Escreva em um papel as dificuldades e peça ajuda para crescer.

Conclusão

Todos me conhecem por aquilo que eu amo. Como tem gente que anda se enganando... O que é se enganar? Levar-me intencionalmente ao erro. Isso é o que muitas vezes acontece. A pessoa é iludida a ter uma falsa imagem da realidade, uma ilusão de que é uma pessoa de Deus. O diabo é muito hábil nisso, e Satanás entorpece o senso de consciência do individuo paulatina e gradualmente levando a pessoa a se achar uma "boa pessoa". Eu vou me avaliar bom, generoso, compreensivo, santo, fiel. Enfim, uma pessoa falha, mas com muitas coisas boas. Existem pessoas que se iludem a si mesmas por causa da realidade em que vivem. Elas transformam a sua vida num conto de fadas. Uma pessoa assim distorce a sua realidade ou a sua própria imagem até que ela tenha uma ideia de que é uma pessoa humana, com erros, mas com qualidades que suplantam seus erros. Quando essa pessoa chega nesse estágio de se achar "uma boa pessoa", não tem aconselhamento, discipulado, nem campanha de oração que tire isso dela.

Três são as causas — *Respondeu Faraó: Quem é o Senhor para que lhe ouça eu a voz e deixe ir a Israel? Não conheço o Senhor, nem tampouco deixarei ir a Israel. Êxodo 5:2*

1º. Desconhecimento: Quem é o Senhor? – O desconhecimento impede o "reconhecimento" de sua limitação.

2º. Desorientação: para que lhe ouça eu a voz – Incapacidade de comunicação e direção.

3º. Narcisismo: *nem tampouco deixarei ir a Israel.* – Israel construía as cidades dos Egípcios, o reino era a figura do ego de Faraó.

Meu futuro pode ser conhecido pelo que amo hoje – Deuteronômio 31:27 *Porque conheço a tua rebeldia e a tua dura cerviz. Pois, se, vivendo eu, ainda hoje, convosco, sois rebeldes contra o SENHOR, quanto mais depois da minha morte?*

Veja como se pode desmascarar a imagem de bonzinhos. Geralmente, deseja-se passar o maior tempo possível com aquilo que se ama! Certo?

4º. Se eu amo a Deus de verdade, mais que todas as coisas, deveria passar mais tempo em comunhão, com Ele e seu reino.

5º. Se eu amo a minha família de verdade, eles deveriam desfrutar mais do nosso salário, afinal se trabalha para que eles tenham conforto e proteção.

6º. Se eu amo meu trabalho, eu desejaria que Deus fosse honrado nele, principalmente nas finanças. Pois é nela que se manifesta toda a minha idolatria com o dinheiro e cai minha máscara de bonzinho ou de que não sou tão avarento assim.

Sou conhecido pela maneira como eu amo –

7º. Amor fingido (Amor teatral) – Não se engane! E não tente me enganar! Muito menos enganar a Deus com falsas ações coreografadas. As obras do amor têm seus frutos provados. 1 Coríntios 13. 1 Pedro 1:22 *Tendo purificado a vossa alma, pela vossa obediência à verdade, tendo em vista o amor fraternal não fingido, amai-vos, de coração, uns aos outros ardentemente.*

8º. Amor forçado – Não é "obrigação" de Deus amar você ou eu amar, o amor é "voluntário" - Cristo se ofereceu – Hebreus 7:27 ... porque Cristo fez isso uma vez por todas, quando a si mesmo se ofereceu. Todos serão julgados por desprezar o amor recebido, de quem quer que seja.

9º. Amor enganoso – Espírito de Ananias e Safira. A pessoa fala de família, mas não vê o seu pastor como profeta de Deus, só usa a igreja para necessidades pessoais. Essa pessoa é narcisista.

10º. O amor condicional – Se você me oferecer algo, eu amo você! O contrário desse é o amor que muitas vezes Deus coloca nos corações dos pastores e lideres. Eles o amam por que veem o que você pode ser em Deus, não por causa das suas atitudes hoje.

Eu posso mudar isso

11º. Detectar minha natureza mentirosa e confessar o pecado – Eu posso realmente me conhecer por aquilo que amo e como amo. Quem sou eu na verdade de Deus?

12º. Prestar contas ao meu discipulador e corresponder agindo de acordo com o plano de restauração proposto.

Todos me conhecem por aquilo que amo e não adianta querer mudar isso. Se eu amar as coisas de Deus serei conhecido por isso.

Passos práticos para tudo o que inegociável

1. Dê a Deus o que é de Deus. Isso é inegociável!

Dizem-lhe eles: De César! Então ele lhes disse: Dai, pois a César o que é de César, e a Deus o que é de Deus. Mateus 22:15-22

O que mais se deseja no projeto de vida é o sucesso de nossos empreendimentos. Nessa semana, eu aconselhei uma banda que queria orientação sobre o assunto de entregar os direitos a uma distribuidora. Eles não quiseram, provavelmente porque não estão preparados para o "sucesso". Pouco queria dar e muito receber! Da mesma forma, isso acontece em outras áreas da nossa vida.

- Família: Não se dá a Deus a posição que a Ele pertence dentro do nosso lar.

- Trabalho: Nunca lhe atribui pública honra pela conquista ou colocação no mercado.

- Ministério: É só para calar a consciência que se está fazendo algo para Deus.

- Estudos: Encher a mente de conhecimento, mas se perguntar sobre cinco versículos....

- Futuro: Dê dois projetos que Deus está incluindo em sem ser dar alguma coisa, ou manter algo em sua vida.

- Tempo: Uma hora e meia no culto de sexta e um ensaio de duas horas e meia no domingo é muita coisa.

A pior coisa que se pode fazer é dever para Deus. Um reconhecimento tímido é o que se oferece por tantas bênçãos que Deus já concedeu. Tem misericórdia, oh Senhor! Minha oração tem sido assim. Nós não merecemos nada mesmo! A oração enfraquece totalmente, pois se está "moral" para fazer um voto ou esperar que Deus confie em nós. Falta tanta coisa... Mas o principal! Uma declaração apaixonada, lágrimas e adoração. *Que darei eu ao Senhor, por todos os benefícios que me tem feito?* Salmos 116:12. Não se pode ensinar ninguém a se apaixonar se não levar essa pessoa a ter contato com o objeto da paixão. É como ensinar alguém a fazer música sem amar a música. O que deixa você feliz quando dá um presente a alguém? Como essa pessoa recebe esse presente o influenciará a dar outro ou não. Há atitudes de pessoas que recebem um presente que dá vontade de dar de novo, pois a pessoa recebe com tanto gosto que o motiva a dar outro presente para ver aquela manifestação de alegria. Eu creio que algumas vezes isso também acontece com Deus.

As Implicações negativas de reter o que pertence a Deus retêm as nossas bênçãos mediante o ato de reter qualquer coisa que pertence a Deus! Perde-se a credibilidade com Deus, com a igreja e com os líderes. Ninguém que fica com algo que pertence a Deus pode esperar receber algo dEle. Deus se esquece do pecado, mas não impede as suas consequências. E a mais verdadeira e desnuda realidade dessa atitude é provocar e desafiar a Deus. É como se dissessem assim para Deus; "Eu posso viver sem você, a bênção pode vir mediante o meu próprio esforço e não pela confiança ou dependência de você".

Sl.78:40 *Quantas vezes o provocaram no deserto, e o entristeceram na solidão!*

Jo.15:5 *porque sem mim nada podeis fazer.*

Deus ama ao que dá com alegria. 2 Coríntios 9:7. Não é somente para ofertas financeiras que esse versículo fala sobre o amor de Deus. Uma verdade explicita na Bíblia, mais uma porção de amor de Deus. Você quer? Ou você quer irritar e provocar a Deus? Entenda o que é provocar ou irritar a Deus.

- O que é dar com alegria? Não reter, não negar, não adiar, nem procrastinar!

- Não basta dar. Para valer o ato de dar tem ser com "alegria"! Se você tiver "alegria em dar louvor" e não em "servir" o seu louvor será falso! Se você tem alegria em dar tempo para a comunhão e não em dizimar seu amor fraternal é falso.

- É possível dar com intenção pura, mas isso não torna a motivação pura.

Dê a Deus o que é de Deus – Devolva hoje a alegria, adoração, amor, tempo, votos, dízimos. Peça para o pastor ajudar se faltar força ou motivação – a motivação não pode vir da minha vontade de dar, mas é um ato de obediência. Não é porque você não tem alegria em dar algo a Deus que você deixará de fazer. Isso pode ser resolvido repedindo o "ato" até se transformar um "hábito". Um acompanhamento pastoral terá mais resultados do que tentar fazer isso sozinho. Se lhe falta forças para dar algo a Deus com alegria procure ajuda. Às vezes, chora-se, enquanto semeia-se, mas a tristeza é logo substituída por alegria, pois tudo o que se semeia, colhe-se. Dar a Deus tudo o que a Ele pertence é inegociável.

2. Sexualidade no ministério – Isso é inegociável!

Esta é uma área inegociável no ministério, Satanás entra na vida dos ministros por causa da negligência às necessidades. Nunca houve um apelo sexual tão grande quanto nos dias de hoje. E ninguém está blindado de cair em permissividade sexual. Por isso não negligencie suas necessidades emocionais. Se você for casado, essa área deve ser muito bem trabalhada dentro do casamento. Não deixe coisas para resolver depois. No intervalo, Satanás poderá tentar você e quantas vezes forem necessárias até que você comece a ceder pequenos pensamentos, passe por caminhos mais perigosos para chegar a sua queda. Se você for solteiro, não tenha vergonha de procurar alguém maduro do mesmo sexo para ajudá-lo a controlar seus impulsos. Não fique se considerando sujo, indigno e derrotado. Esses sentimentos são de Satanás. Cristo já lhe deu a vitória, mas para isso você precisa compartilhar suas necessidades com seu discipulador.

Paulo também deu um conselho maravilhoso. A fim de aliviar a tensão sexual, a recomendação de Deus é que você se case:

Caso, porém, não se dominem, que se casem; porque é melhor casar do que viver abrasado. 1 Coríntios 7:9.

Isso não indica de forma alguma que a motivação de se casar seja apenas o sexo. Sua vida será um inferno se você não amar sua pretendente! O casamento é para a vida toda. Cuidado com isso, pois muitos caem nessa cilada. O texto é claro a esse respeito; não dá margem para que você alivie os desejos sexuais fora do casamento.

A permissividade sexual é quando você aceita viver uma vida abaixo do padrão de Deus na área sexual. É quando você permite imagens, pensamentos, flertes, brincadeiras e outros itens ligados a sexo impróprio. No início, você luta contra os impulsos, mas depois de um tempo começa a abaixar a guarda porque não sente progresso em vencer nesse terreno. Com o tempo, você desenvolverá uma vida dupla. Na igreja um ministro habilidoso, mas abraça o diabo em secreto quando está sozinho. Se você foi vítima de feridas emocionais durante seu desenvolvimento sexual, poderá vencer isso com ajuda de alguém maduro do mesmo sexo. Seja radical, caso contrário viverá uma vida de derrota, acusação e angústia até ser descoberto e ser destruído pela vergonha e pela falta de amor e da maledicência que inevitavelmente espalhará seu pecado para os quatro cantos do mundo que você vive. O estresse gerado no ministério geralmente aumenta os problemas de ordem sexual. Tome a decisão de resolver isso. A paz é inegociável. A santidade é inegociável!

3. O dinheiro no ministério – Isso é inegociável

Ele é realmente a raiz de todos os males, desconfiança, separação, ódio, morte etc. Se o dinheiro não estiver sob controle, ele controlará você. Se alguém disser que dinheiro não traz alegria é porque nunca teve dinheiro. Ele não é tudo, mas é a solução para muitos problemas. Existem coisas que o dinheiro realmente não compra. Não preciso dizer isso aqui. Mas vou colocá-lo numa perspectiva segura onde se pode proteger o futuro da família, o nome do Senhor de escândalos e também a reputação. Existem pessoas que fingem que não se importam com o dinheiro. Isso é hipocrisia. Exibem uma postura de falsa devoção. Não são adoradores verdadeiros. Sem dinheiro não se pode fazer nada, e Deus promete não ter a falta de coisa alguma, e por isso muitas coisas de que se tem necessidade não vêm diretamente por meio do dinheiro.

O dinheiro não deve ser o centro, mas ele deve estar incluído e claramente posto na sua posição. Antes de fazer um projeto, você deverá discutir tudo: possibilidades, questões, imprevistos, e a inobservância disso poderá causar resultados imensuráveis. Então você deve se cercar de conselheiros experientes para precaver-se de se magoar e magoar os outros. Quando os detalhes sobre suas expectativas, ou mesmo as de alguém, não forem claramente avaliadas e levadas em consideração, poderá trazer irrecuperáveis prejuízos emocionais nos relacionamentos e na área financeira. Tudo deve ser levado em conta, o que cada parte espera como resultado a curto, médio ou longo prazo. Não permita que o dinheiro destrua sua confiança, seus relacionamentos ou o seu ministério. O bom e velho papel poderá servir de segurança para manter a comunhão – esse papel é o contrato. Um crente maduro aceitará isso como uma ferramenta para impedir que o diabo arrase a comunhão. Um crente melindroso se ofenderá com isso, o que claramente demonstra que ele está despreparado para um projeto sério. A Bíblia ordena que se deve resolver os litígios entre as partes envolvidas ou no seio da igreja. A transparência é inegociável.

4. O poder no ministério – Isso é inegociável

O poder é uma das ciladas que Satanás aprisiona os filhos de Deus. Um simples síndico se sente poderoso por ter o poder da dar uma multa para um condômino. Um irmão me disse que se sentia poderoso em aplicar as multas de trânsito. Até que um dia, na porta da igreja, eu o vi fazendo uma conversão proibida bem debaixo de uma placa que ele conhecia tão bem. Ele ficou me olhando todo desconcertado tentando achar uma boa desculpa para a sua atitude. Há tanta disparidade com isso que não vou me alongar nessa observação. O poder corrompe, e o poder absoluto corrompe absolutamente. Um poder deve ser compartilhado. Note que Deus, ao instituir a família de Adão, ordenou que compartilhassem o poder do lar. Em uma empresa, o poder também é compartilhado, quando não, algo de ruim acontece, um desvio ou uma injustiça. Às vezes, até o poder compartilhado sofre com o cooperativismo na maldade.

Por isso denuncie todo sentimento de poder que começar a crescer no seu coração. A dificuldade está em querer fazer isso. O poder é bom, ele dá autonomia, dá a sensação de autossuficiência. E tudo isso é bom sentir. Se sentir poderoso não é ruim. O ego é muito massageado. O poder pode fazer com que você tenha uma atitude de ira ao for contrariado. Você pode querer vingança e dizer:

- Agora eu vou mostrar quem manda.

Eu soube de uma pastora que se sentia a poderosa (Jezabel) e disse ao seu marido (Acabe) que devia mostrar quem mandava no ministério. Numa demonstração de poder este pastor deu uma ordem baseada apenas no conselho da "demonstração de poder", o que lhe custou o seu ministério. Hoje é um pastor amargurado, isolado e doente com um ministério sem perspectiva de futuro. O desejo de um líder que exibe atitudes de possessão e poder tem um único interesse de que o seu ministério seja um reflexo de sua identidade. O poder pertence a Deus.

5. A religiosidade no ministério - Isso é inegociável

Caim matou Abel por causa da religião. Caim não aceitou que Deus pudesse ter rejeitado a sua oferta tão bonita, colorida e organizada. A oferta do seu irmão Abel era completamente desfigurada e feia. O animal era perfeito – o melhor do seu rebanho, mas quando imolado e retalhado se tornou algo feio. Ao contrário disso, as frutas davam um aspecto harmonioso e avivado. E isso igualmente ocorre hoje, quando um irmão, por causa da religião, por causa da adoração e do louvor de outro irmão, procura matá-lo. Invejando a adoração e o louvor do seu irmão, os "Cains" desta vida destroem a reputação e o ministério dos "Abeis" desta vida por causa da religião.

Deus rejeita uma adoração de aparência, exteriormente organizada e de aspecto colorido. Se o interior não for organizado e colorido, pouco importa para Deus o exterior. Você sabe que Satanás é um ser milenar e que sabe tudo da Bíblia e de religião. Essa é a sua especialidade. Todas as seitas e religiões saíram da Bíblia. Elas contêm partes do cristianismo, mas não o autêntico. Todas as igrejas se divergem apenas na forma de praticar a adoração, mas não divergem na base que é o cristianismo. E é na divergência de prática da adoração que ocorrem os desvios. Se você tem sentimentos semelhantes aos de Caim a suas atitudes também serão. Cuidado que você poderá se espantar com o que vai fazer se a síndrome de Caim tomar a sua mente. Seja livre da religiosidade. Isso é inegociável.

6. Vida devocional – Isso é inegociável

Todos têm uma agenda, se não for aquela de papel, existe uma na mente. Acorda-se de manhã e logo se lembra das atividades normais do dia e as que acabam se encaixando mesmo contra a vontade. Satanás não precisa oferecer um grande atrativo ou ter grandes ideias para encher sua agenda com tarefas e preocupações. Com a fadiga de ter a agenda cheia de coisas para fazer, o tempo com Deus logo será substituído por descanso, entretenimento ou uma nova atividade. A intimidade com Deus é imprescindível para aquele que deseja uma vida de adoração. A intimidade com Deus provoca algo muito mais valioso do que outro fato, episódio, algo material ou de qualquer outra espécie ou natureza. A intimidade com Deus promove espontaneamente revelações da Sua pessoa. E a reação a essa revelação é a atitude de adoração. E a adoração é o veiculo que surpreende. Deus pode agir de muitas maneiras depois de um ato de adoração, produto da intimidade.

A devocional é tratada de maneira chata e desmotivadora. Devocional para muitos é sinônimo de ficar com a cara em um livro de atividades semanais com texto para memorizar e perguntas para responder. Isso é chato demais. Eu quero que você desenvolva uma devocional que satisfará sua vida espiritual.

A compreensão de Deus é muito didática, às vezes, restrita, outras vezes, fria, ou puramente intelectual. Pensa-se que somente O conhece mediante o estudo. Só que a vida com Deus não é somente "estudo" e "fé"! Também é adoração, o que leva à "experiência" da realidade da Sua existência. Devocional é experimentar a presença de Deus. O Espírito Santo usa a experiência, ou seja, a experimentação de Deus para impactar um coração. A devocional é um momento intimo, e somente nessa intimidade se pode experimentar Deus densa e profundamente. A maioria dos personagens bíblicos teve um impacto que foi um divisor de épocas quando tiveram uma experiência pessoal, secreta e íntima com Deus. Noé, Abraão, Jacó, Moisés, Gideão, Jabes, Samuel, Jonas, João e outros. As experiências pessoais são muito mais duradouras do que aquelas na multidão. Elas tratam o coração. Onde é o melhor lugar para passar estes momentos com Deus? Escolha onde melhor for para você. Tenha dois níveis.

- **O primeiro é fixo.** Este mínimo não pode ser ultrapassado, ele pode ser um livro como o pão nosso de cada dia, com apenas um versículo, uma oração e um pensamento do dia.
- **O segundo é o nível sem medidas,** ou seja, vá até onde a sua fome de Deus lhe levar. E pode ser: ler a Bíblia para sentir a presença de Deus ou aprender. Orar para confessar, interceder ou pedir. Cantar para adorar ou refletir. Tocar uma música de fundo e se encher de Deus e sua unção. Ouvir textos da Bíblia gravados ou assistir a um filme sobre Deus. Escrever algo sobre Deus, um conceito, um pensamento, uma experiência que você já teve ou gostaria de ter. Cuidar de um jardim, ir sozinho à praia, passear de bicicleta ou a pé. Deitar no telhado e olhar as estrelas. Olhar a natureza. Chorar, gritar, rir, falar com ele sobre coisas comuns... Tudo isso faz parte da devocional.

Basicamente, há três objetivos e suas implicações e desdobramentos ao se fazer a devocional. adorar a Deus; alimento para a alma; realização do nosso dever cristão.

Novo, com arte e vivo

Este livro pode surpreendê-lo se você praticar o que aprendeu aqui, porém se apenas ler estas páginas nada mudará no seu ministério ou na sua vida. Escreva ao lado de cada verdade que o Espírito Santo falou ao seu coração e se desejar compartilhe comigo. A melhor estratégia de influência em uma liderança ainda é o que Jesus ensinou; ame as pessoas por aquilo que elas são e não pelo o que elas podem oferecer ao seu ministério. Não seja romântico sem ser prudente. Você deve amar incondicionalmente, porque o amor muitas vezes não será correspondido da maneira que você aplicou e talvez o seu amor também não seja correspondido pelas pessoas que você espera que retornem o amor. Jesus viveu tudo isso no seu ministério pessoal. O ideal é não ter expectativas. Ame sem esperar qualquer reconhecimento. Olhe para Jesus, pois é Ele quem vai recompensar toda semente que você plantar. Fixe todas suas expectativas no foco em Deus. Deixe este texto entrar no teu ser.

Salmos 33:3 *Entoai-lhe novo cântico, tangei com arte e com júbilo*
Versão: João Ferreira de Almeida Revista e Atualizada
Salmos 33:3 *Cantem a Deus uma nova canção, toquem harpa e gritem bem alto.*
Versão: Nova Tradução na Linguagem de Hoje
Salmos 33:3 *Cantai-lhe um cântico novo; tocai bem e com júbilo.*
Versão: João Ferreira de Almeida Atualizada
Salmos 33:3 *Cantem-lhe uma nova canção; toquem com habilidade ao aclamá-lo.*
Versão: Nova Versão Internacional

Esse texto mudou o meu ministério em 1996 e a partir daquela revelação comecei a acreditar na força desse versículo na minha vida. Meu louvor não foi instantaneamente transformado, com muito esforço, apliquei cada parte do texto em todas as áreas da minha vida. Pouco a pouco cada parte dele começou a gerar vida no meu ser. Se você é incapaz de promover um culto novo, com arte e vivo para Deus, sem luzes, equipamentos e plateia ou badalação é porque os princípios inegociáveis já foram há muito tempo negociados. Exercita-se a oferecer esse culto a Deus, se não, você é tão somente um artista que não consegue agradar a única pessoa na plateia que merece a sua arte. Retome de volta o que foi negociado, não faça concessões, pegue os princípios de volta e pratique-os.

Perguntas e Tarefas

- Escreva uma autoavaliação sobre as características que você tem sobre como você é conhecido?
- Peça para que o seu líder escreva por quais coisas você é conhecido?
- Se você tiver filhos, pergunte a eles por quais coisas você é conhecido?
- Por quais coisas você gostaria de ser conhecido?
- Você deve algo para Deus? Um voto, de ganhar almas, voto financeiro, promessa de largar um pecado secreto etc.? Com certeza, existe algo, contudo você estaria disposto a pagar para Deus se isso for mensurável?
- Quais valores apresentados neste capitulo são inegociáveis?
- Existe alguma concessão que você fez ou um dom que você mercadejou em troca de algo?
- Com qual parte do versículo de Salmos 33:3 você mais precisa ficar atento?

Saiba mais, dê sua opinião:

Conheça - www.agape.com.br
Leia - www.editoraagape.com.br/blog

Curta - /agapenaos

Siga - @editoraagape

Assista - YouTube /editoraagape

Ágape
editora